U0625464

古运河畔
立春润物
生生不息
经典传承

春昇太极拳习练心法

张明军　主编

吉林大学出版社

·长春·

图书在版编目（CIP）数据

春昇太极拳习练心法/张明军主编.-- 长春：吉林大学出版社，2023.5

ISBN 978-7-5768-1629-7

Ⅰ.①春… Ⅱ.①张… Ⅲ.①太极拳－基本知识
Ⅳ.① G852.11

中国国家版本馆 CIP 数据核字（2023）第 087798 号

书　　名：春昇太极拳习练心法

CHUNSHENG TAIJIQUAN XILIAN XINFA

作　　者：张明军　著
策划编辑：朱　进
责任编辑：朱　进
责任校对：蔡玉奎
装帧设计：王　强
出版发行：吉林大学出版社
社　　址：长春市人民大街 4059 号
邮政编码：130021
发行电话：0431-89580028/29/21
网　　址：http：//www.jlup.com.cn
电子邮箱：jdcbs@jlu.edu.cn
印　　刷：三河市龙大印装有限公司
开　　本：787mm×1092mm　　1/16
印　　张：10
字　　数：160 千字
版　　次：2023 年 5 月第 1 版
印　　次：2023 年 5 月第 1 次
书　　号：ISBN 978-7-5768-1629-7
定　　价：58.00 元

版权所有　翻印必究

春昇太极拳习练心法编委会

主　编：张明军

副主编：陈玉彬　张慧林　朱良智　张松涛

编　委：王士松　赵全刚　喻　婷　赵　帅

　　　　郑　杰　杨　旭　幸梅桂

张明军

陈玉彬

张慧林

朱良智

王士松

张松涛

曲天成

高玮杰

喻婷

赵帅

郑杰

杨旭

幸梅桂

缘起

春风渡河墒，
昇运入苍琼。
太清遂人至，
极悟啄韵生。

——陈玉彬

《春昇太极拳习练心法》内容简介

　　《春昇太极拳习练心法》这本书重点介绍了春昇太极拳的功法原理和练习方法。阐述了拳架、推手、太极步的心法内涵，详尽讲述了春昇太极拳的心法在拳架行进中的具体应用。春昇太极拳是以健身、养生、技击为习练目标，以内养精气、扶正固本、外抗危疾、强健体魄为习练宗旨，为广大太极拳爱好者、习练者展示基本的方法和练功途径，并将成功经验深入研究整理成册。

　　本书的主要特点：

　　一、可以作为健身养生锻炼者及太极拳爱好者快速入门的指导用书。编者把多年研习太极拳的实践经验与练拳体会总结提炼出来，形成一套独特的太极拳习练方法，即"三拳归一功法""五字习练法"。公开发表，以期让更多的人受益。

二、本书的语言通俗易懂、生动形象，将晦涩难懂的拳论用简单明了的语言平铺直叙，使人耳目一新，一听就懂，一看就会。

三、本书丰富并完善了太极拳的练功方法，对于习练者的一些疑惑作出指导和建议。

四、本书是一本实用性很强的习练手册。

我们希望此书的出版发行，有助于太极拳的传习和发展，有助于弘扬我国优秀的传统文化。通过习练太极拳，让人健康，让人享受美好生活。

《春昇太极拳习练心法》理论基础

杨露禅的习拳秘诀体现一个"练"字，吴图南行拳要求一个"松"字。并强调"点线结合"的"点"。春昇太极拳提出了习拳要"教（叫）"的创新观点，就是要先把意气教（叫）出来再练习太极拳架才能事半功倍，使拳意相随，意不离拳、拳不离意，拳意结合。继而形成了具有独特风格的春昇太极拳打法，即"三拳归一功法""五字习练法"。春昇太极拳习练方法简单，习练者易学易练易出功夫，提出"太极属自性，人人有太极"的观点。让高深精妙的太极拳，每个人都可以学会，从而达到强身健体，延年益寿的目的。

目　录

第一章 太极拳概述

一、太极拳的起源

据记载，"太极"一词出自《易传·系辞上传》："易有太极，是生两仪。"[1] "太"就是大的意思，"极"就是开始或顶点的意思。宋朝周敦颐在《太极图说》中第一句话就是"无极而太极"，并非说太极从无极产生，而是"太极本无极"之意，意即"太极"是产生万物的本源，含有至高、至极、绝对、唯一之意。太极拳取的也是这个意思。太极图是我国古人

的一种最原始的世界观，拳术和太极的结合，逐步形成了太极拳术。

太极拳一词，最早见于署名王宗岳的《太极拳论》。根据文献，王宗岳的遗作，是清直隶广平府永年县（今河北省永年县）武澄清（1800—1884年），在任职河南省舞阳县知县时，得于舞阳盐店，时间约在清咸丰二年（1852年）或稍晚的一段时间里。由于有无王宗岳此人，研究者迄今尚无定论，近十余年来有人还提出《太极拳论》是武禹襄（1812—1880年）的化名之作。上述议论不论是非，有一点可以确定：王宗岳《太极拳论》的原件，至今无从考证。

武禹襄的外甥李亦畲（1832—1892年）于光绪七年（1881年）将王宗岳、武禹襄的拳论和自身体会，手书三册传世，俗称"老三本"。自藏本封面题名《太极拳论》，下注"后附小序并五字诀"。赠郝和本封面题名《王宗岳太极拳论》，下注"后附小序并五字诀"。这是迄今发现最早的太极拳理论著述。"太极拳"之名、王宗岳和武禹襄的拳论见诸于文字记载的，均首先出于此抄本。

1928年定稿的《清史稿》，在《卷五百五·列传二百九十二·艺术四》中记载："清中叶，河北有太极拳，云其法出自山西王宗岳……至清末，传习者颇众云。"[2] 这是太极拳之名见诸官方史书的最早记载。说"河北有太极拳……传习者颇众"，证明永年人杨露禅、武禹襄所传拳术已正式定名为太极拳了。

传统太极拳门派众多，常见的太极拳流派有陈氏、杨氏、武氏、吴氏、孙氏、和氏等派别，各派既有传承关系，相互借鉴，也各有自己的特点，呈百花齐放之态。由于太极拳是近代形成的拳种，流派众多，群众基础广泛，因此是中国武术拳种中非常具有生命力的一支。

关于太极拳起源的具体年代及地域学界各有说法，在此暂不评论。仅摘录可查文献供广大太极拳爱好者参考。笔者浅见，不论起源何时何地，太极拳能够广泛流传，使学者受益，陶冶性情，身心健康，就值得我们发扬光大。

二、太极拳的流派渊源

太极拳在传承过程中，形成了风格特点不同的流派。太极拳的流派众多，在此仅仅介绍陈式、杨式、武式、孙式、吴式等几种流派。

（一）陈式太极拳

陈式太极拳，一直在陈家传承，后来演绎出了杨式、武式、孙式、吴式等几种流派。

陈式太极拳架式很低，注重腰腿功夫，震足、发劲，运动量很大。

（二）杨式太极拳

杨式太极拳的创始人杨露禅（1799—1872 年）师从于河南陈家沟的陈长兴，先后三次至陈家沟学习，结合自身实践最终悟得太极拳（十三式长拳）真谛，练就了一身绝世本领，在北京开宗立派，创立了杨派，人称杨式太极拳，现今流传最广。

（三）武式太极拳

武禹襄，得杨露禅和陈清平之传而创立了武式太极拳。武禹襄又传其外甥李亦畬和李启轩。李亦畬的著名传人是郝为真，郝为真又传于孙禄堂。

武式太极拳架高，步小，步法复杂。

（四）孙式太极拳

孙禄堂得到郝为真的真传后，又结合早已精通的形意拳和八卦掌，创立了孙式太极拳。

孙式太极拳拳架稳，步活，以轻灵为主。

（五）吴式太极拳

吴全佑得杨露禅和其子杨班侯之传，吴全佑传于其子吴鉴泉，吴鉴泉根据杨式太极拳小架创立了吴式太极拳。

吴式太极拳拳架以轻灵为主。

（六）赵堡（和兆元）太极拳

和兆元得陈清平之传承而创立了赵堡（和式）太极拳。

赵堡太极拳要求步法活，圈圆，并强调守中。

参考文献：

[1] 易有太极是生两仪文言文翻译 [EB/OL]. 历史新知，https://www.lishixinzhi.com/qz/1194925.html.

[2] 赵廷铭《清史稿》与"清中叶，河北有太极拳"[J]. 武当，2006(001)：29.

第二章　春昇太极拳

一、春昇太极拳概述

（一）春昇太极拳的创立

自杨露禅祖师创立杨式太极拳，经杨班侯、杨健侯至杨少侯、杨澄甫，再至张虎臣，又经张虎臣之外甥王建超老师及吕清善老师，传至郝春生老师，在原有的拳法招式基础上根据自己多年练拳体悟创编而成，从而创立春昇太极拳。

郝春生老师，因疾学拳（杨式太极拳家手）于张虎臣的外甥王建超老师，后又学拳（杨式老架）于吕清善老师。郝老师刻苦学习坚持不懈，数十年如一日习拳练拳，日日精进研修不止。经刻苦钻研，结合两位老师的拳架和自身体悟，悟得太极拳之理。习得太极拳之"劲气"和"意气"，运用自如，随心而用，灵活自然。

郝老师在吴图南（人称"太极北斗"）老先生的行拳要则，即"不会松，就不会打太极拳""行拳中要有点有线"的理论基础上，从杨式老架、杨式家手的练法中提炼修改总结，并结合《易经》"天人合一"理论及中医经络学理论，融入拳架及推手之中练习，形成了不同于其他任何流派的太极拳打法，此拳法健身养生效果极为显著。希望此拳法的习练者如雨后春笋般不断出现，更希望此拳法也能逐渐发展并不断完善。春昇太极拳，其内容有"三拳归一法"（拳架、推手、太极步）和器械等。

拳架是日常功法，练习动作招式的协调统一，内外兼容，阴阳虚实转换随顺自然，能练出灵活性、敏感性，使全身运动整体协调。

推手就是尺子，用来检验拳架、太极步练的是否正确。

太极步是基本功法，强化下盘功夫，能增强太极功夫。

（二）春昇太极拳的传承脉络示意图

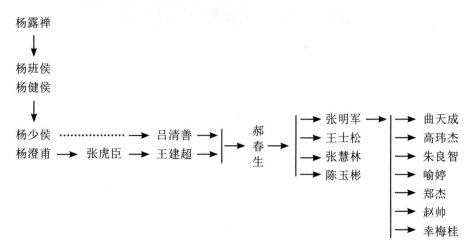

（三）春昇太极拳习练心法的创立

编者习拳数年，深得恩师悉心教导，深得老师传承的太极拳架精髓，在教学及实践中打磨、提炼、总结，与现代健身养生理念相结合，与师兄弟们共同研究练习，内外兼修，粗浅地悟得了太极拳的练功法门。经反复实践改变了传统的教拳方法，更易于习练。在教学中应用后，使难学难练的太极拳法，初学者也能易学易会，很快掌握，让众多弟子获得了收益，领悟了太极拳的健身养生原理，使我们更有信心把春昇太极拳传承下去。

太极拳流派众多，一片繁荣昌盛，随着我国人民对传统文化和武术的珍惜热爱及追求而不断创新，加之多种其他拳种的元素百家争鸣、各显其能，大家相互学习、相互交流，不断地促进着中国武术的发扬光大。

《春昇太极拳习练心法》打破门派之分，提出并倡导"天下太极本真一体"的理念，为促进传统武术的相互学习、借鉴提供方便。其他拳种的习练者可不用改变原有拳式，直接使用春昇太极拳习练心法。

二、春昇太极推手

春昇太极推手，主要采取定步双人徒手对练的形式，按照掤、捋、挤、按、采、挒、肘、靠的要诀进行演练。推手具有一定的实用性、竞技性、对抗性，需在安全的状态下，以最简单直接的方式体会打拳的实战效果。

春昇太极推手首先练习和训练的是与对方搭手，即"一触即发"，接触就要用"意气"接；其次就是训练和感知合而为一，接手时，与对方一搭手就要用"意气"感知到对方的劲源点及气场范围，同时用"意气"无声无息地接上、合上。继而在行进中加强"意气"练习，即如何保持"意气"的收放自如；再就是练习遇强则大，遇弱则小的自然状态。对方力量越是强大，自己的太极"意气"就越充足，对方的背势完全是他自己造成的，自己只需顺势借势而为；最后是训练自己的"意气"要灵动自然，没有一丝一毫的造作和勉强，需用时有，不用则存，永续体内，随时可发，最终达到出神入化，随顺自然的境界。

打拳和推手两项内容同时练习，相互依托，互相借鉴，使拳架动作的准确性和推手时的灵活性及反应能力迅速提高，太极"意气"会更加纯厚、充实、饱满。

春昇太极推手还是矫正拳架习练状态的恰当与否、动作是否正确的准绳。太极拳架中每招每式摆点是否练得正确精准，要靠推手中一次一次的搭手来验证正确与否。及时地纠正拳架的偏差，能让学练者的太极拳技术水平不断地提升；反之亦然，太极拳水平的提升，也有助于太极推手的水平提高。太极拳架与推手的关系是：互相提升、互相检验、互相依存、缺一不可。

习练春昇太极推手的根本目的是强身健体、养生保健、延年益寿。《十三势歌》里写道："想推用意终何在，延年益寿不老春"[1]。无论拳架与推手，真正能起到强身固本、延年益寿作用的，是得到太极之本，即太极之"意气"贯穿始终。

春昇太极推手，是教（叫）出太极"意气"，巩固太极功夫的关键。习练春昇太极推手，有检验拳架动作的要点正确与否的作用。通过太极推手的训练，可以在行拳时，进入到无人似有人，处处有"意气"，招招是太极的状态，在平时练拳时保持状态，能将神意贯穿始终，所以推手是习练春昇太极拳不可或缺的重要环节。

三、春昇太极步法

春昇太极步在习练太极拳的过程中非常重要，它是练习太极拳的基础，也是练习太极推手的基础。要想练好太极拳，太极步也要同时练习。它是提高太极拳下盘功夫的专项功法。

春昇太极步有三种步形，两种手形。交叉组合有六种形式的太极步法。

春昇太极步第 1 种步形：折线太极步法。

身体向左右两侧分别旋转约 90°，然后向前出步，交替折线迂回前行。

春昇太极步第 2 种步形：直线外圆太极步法。

双脚分别从左右两侧，从外向内划半圆出步，落在后脚的正前方，双脚脚尖向前，并在一条直线上，身体向前直行。

春昇太极步第 3 种步形：直线内圆太极步法。

双脚分别从内向外划半圆出步，落在后脚正前方，脚外侧先着地，脚内侧朝前，向前直行。

春昇太极步第 1 种手形：抱球手形。

双手手心相对，指尖分别朝左右两侧稍前方向，双臂微屈，双手略低于肩，双臂与双肩大约成 30° 角。

春昇太极步第 2 种手形：托球手形。

双手手心朝上，指尖分别朝左右两侧稍前方向，双臂微屈，双手略低于肩，双臂与双肩大约成 30° 角。

春昇太极步的要领有以下五点：

其一，全身放松，身体要稳，腰胯要坐稳坐实，如坐着打拳，腰胯向后下方坐、沉的同时，双臂双手一定要有向前涨出的微动，动后即止，不能有丝毫的迟疑和犹豫；

其二，要求必须水平前行，身体不能高低起伏，若要加强功夫，身体可以向前稍下方前行；

其三，起动时要无声无息，运行时要柔和缓慢，双手手指同时同步按次序逐一引领全身的意、气、神向前涨出、扑出，不能有丝毫的保留，开始不稳，到后期练出前后左右上下的全方位涨感，身体自然就稳了；

其四，一动都要动，一停都要停，一定要让全身一体，劲、意、神都要完整一气；

其五，行进时，一定要意想腰胯行进，用胯打拳，同时还要意想腰胯是紧贴在地面上行进的，以腰胯为引领带动全身。

春昇太极步法是打基础的，经常练习腰腿功夫会打下良好的基础，学练者再打太极拳时就会非常的沉稳，自然而然的就能快速准确地练好每一个拳式动作。

所以春昇太极拳的习练者一定要加强太极步法的学习和练习，为更好更快地学好太极拳，领悟太极拳真谛打好基础。所谓的"练拳不练功，到老一场空"说的就是这个道理。这也是本书特别要强调的一点，也是春昇太极拳的又一独特之处。

四、春昇太极拳的习练程序

（一）初学者：零基础从太极步开始比较好，可以循序渐进一步一步学习。首先习练春昇太极步，有了太极步的基础以后，再习练春昇太极拳架，最后再练习春昇太极推手。但也可以拳架、步法、推手交错练习。

（二）中级者：有一定的太极拳基础的可以直接练习拳架和推手，最后练习太极步。

（三）高级者：练拳教拳多年未得意气的习练者，结合自身功夫特点矫正拳架和推手同时练习，提高迅速。

（四）拳理

打拳是养"意气"；太极步是强"意气"；推手是验证"意气"；散手是用"意气"。打拳是推手的基础，走太极步是打拳的基础，太极步是使"意气"（真气）增强的功法。

通过按要求准确打拳、持之以恒的练习，身体各个部位都能练出"意气"。打拳要想象成和对手一起打拳，不是自己一个人在打，是有人陪你对练。推手是对方把我推成这个姿势，不是我要形成这个姿势。推手要听对方的话，不是听自己的，虽然是听他的，但是要能制约对方才行。要练出"意气",先要能感知到它,而后要理解和明白它。这里说的理解和明白,不是脑子(思想思维)的理解和明白,而是身体的理解和明白,更要用身体去感知它。怎样才算是身体明白了呢?能用意气"接""合""化""打"等为此功法小成的标志。要想练好太极拳,没人就打拳,有人就推手。

参考文献:

[1] 魏坤梁. 太极拳古代经典拳谱《十三势歌》探释(12)[EB/OL]. 豆丁网,https://www.docin.com/p-945388088.html.

第三章 春昇太极拳心法

第一节 心法总述

春昇太极拳心法，是习练春昇太极拳的指导思想与方法。春昇太极拳的核心是练出"意气"。练出"意气"是春昇太极拳的灵魂。在习练春昇太极拳的过程中，运用"五字习练秘诀"，再通过必要的想象，练出太极拳的"意气"，是习练春昇太极拳的秘传法门。"三拳归一法"一是指"意气"，三是指拳架、推手、太极步。其主要目的都是以练出"意气"为宗旨。

此功法练功进步较快，少则半年多则一年身体机能就能得到很大改善。如果继续坚持锻炼三年左右，功法就能达到自修阶段，此阶段以后无需老师指点完全能够自己修炼了。

一、动作导引

动作导引，实则就是从起势开始的每一个动作都必须严格做到本架势应有位置，停下来时要立身中正，头部端正、胸含背拔、脊柱和尾骨垂直、指舒腕坐、沉肩坠肘、腰胯松沉、腿屈或直、步伐距离、手的高度、距离身体的远近等都要符合标准。如：白鹤亮翅（左式），动作定位时应该是身体中正，即头、颈部、脊柱、尾骨呈一条直线垂直于地面；

右手手掌向前与双眼同一个方向，手高于头部，手指指向天空，手臂微弯曲距离右耳边 10cm 左右，左手手掌掌心向后手指向下指向地面；右腿曲蹲（30 度，60 度，90 度）脚心虚空脚掌踏实地面，左脚向左正前方向伸出，腿微曲，脚尖虚点地。以上动作——核对准确后反复练熟（练熟的标志是一练到白鹤亮翅这个招式每个部位都是标准的到位的）后进行下一步练习，每天坚持练习一般三个月至半年就能练熟。

二、呼吸吐纳

呼吸吐纳（腹式呼吸，吸气腹部塌陷，呼气腹部隆起）分为两个阶段，第一阶段拳式呼吸，第二阶段自然呼吸。拳式呼吸是在一个动作开始时吸气到动作到达特定位置时呼气的过程，必须在动作练熟后才能配合呼吸吐纳。以前一个动作结束点为起点，开始结合动作缓慢均匀吸气，动作到一半时刚好吸满（15 秒左右为宜），到动作定位时刚好呼完（15 秒左右为宜）。如：左搂膝拗步（左式），身体右转时吸气，左右手同时到顶点后开始呼气，左手下搂右手前推到顶点时刚好呼完。动作配合呼吸进行反复，练熟后进行下一步练习。每天练习，一般一个月至三个月就能练熟。第二个阶段就是练熟后自然产生的不考虑呼吸的自然拳式呼吸的腹式呼吸，这个阶段要逐渐忘掉呼吸，使之形成自然。

三、五字秘诀

五字秘诀："教（叫）""撂""悟""追""用"五字习练法。

"教（叫）"：是五字习练法的核心。方法简单，通过每一个拳架式一步一步的当面指导（如：左手搂膝拗步，右手推到特定位置左手下沉到指定位置，右手推到老师身上发力，保持身体不动手心膨胀发出。反复纠正练习，每一式逐一指导），让习练者快速练出太极拳的"意气"来，它在五字习练法中是一个非常关键的步骤。太极拳的"意气"分别可以在春昇太极拳架、推手和太极步中帮助学拳者"教（叫）"出来，把"意气"教（叫）出来，是学练太极拳最关键最重要的第一步，没有"意气"则不是真正的太极拳，只能说是太极操。

"撂"：是行拳中的关键要点。在做"撂"这个动作点时，有两种情况：一种是前进要点，如身体、眼神、腰胯、双臂、双手、手指等要点。第二种是后退要点，如腰胯、双腿、脚跟、双臂、双手、手指等要点。不管是向前撸，还是向后撸，身体各个部位如手、眼（神）、臂、腿、脚、腰、胯等，必须是同时完成。要动都要动，要止都要止，绝不能拖拖沓沓、犹犹豫豫。还要注意撸的速度，既不能快，也不能慢；既不能急促，也不能迟缓；既不能急急忙忙地撸完，也不能慢慢悠悠地撸完。撸得要干净利落，不能拖泥带水。通过老师一对一亲身指导每一个拳架的撸点，老师示范后，学生做动作。反复的一次次练习，很快就可以感知到自身"意气"，继续勤加练习，"意气"充盈饱满。学拳有了"意气"，才算踏入太极拳的大门。

"悟"：是学拳理。悟理是必修课。动作可以模仿，内在蕴含的东西靠思考、靠悟才能得到，才能做到"身形意气神"合一。春昇太极拳首先让你感知到太极拳的"意气"，通过教（叫）、撸训练，让双方都感知到"意气"，在此基础上，学拳者便有了"悟"的土壤。悟则透，悟而得，进而参悟每一个招式每一个动作的要领、拳理。有了方向就不会迷茫，再慢也能达成目标。任何一项体育运动都需要懂得其道理，简单的跑步都要领悟其要义，长跑运动员是用"腰"跑步，如何用腰需要"悟"。太极拳更是如此。悟性高的先得真意，悟性低的可以慢得，只要有恒，无论何人都可以得到太极拳真意。

"追"：就是追上、追到"意气"。通过"教（叫）""撸"练出意气，领悟后就要"追"。在每次练习中都去追这种带有"意气"练拳的感觉。随着功力加深、身体通透部位的逐渐增加，出"意气"的次数也越多，当练到无处不均匀、无处不饱满时，"意气"就能随心所欲地应用了。当意气不够饱满时会有断续，时有时无。这时是身体机能在重塑的关键时刻，身体是有记忆的，比如特别熟悉的动作，不用想就能做出来。身体之前的陈旧记忆和当下的太极功法练出来的新的机能，它们之间在激烈博弈，以前练拳没有"意气"，光用力用劲打拳了，这种肌肉记忆会很顽固。要想做到"用意不用力"，这时必须控制好节奏，紧追不舍强化心法，坚持以平和的心态打拳、推手，自然而然地去"追"它。以"只问耕耘，不问收获"的心态来学习，不必有任何强行练习的心态，反而更容易成功。

"用"：要用"意气"打太极拳、走太极步，推手、散手等，首要的是下盘功法，而产生"意气"也是以下盘功夫为基础。春昇太极拳强调加强腰腿的修炼方法，步法、拳架、推手，均是从练习下盘功夫入手。走太极步和盘架子是锻炼自身的下盘功夫；推手是别人帮助自己练习下盘功夫。下盘功夫是春昇太极拳的根本。有深厚的下盘功夫就会使得春昇太极拳的内功更加浑厚，内气更加充盈饱满，使内劲既沉实又弹性十足。深厚的下盘功夫有利于意气的产生，也更有利于意气的调动和使用。根基稳固、招式娴熟有利于防身自卫及加深功力。

春昇太极拳独创的"五字习练法"，是这套拳的核心，也是简便实用的习练方法。用在推手、行拳中，它能让双方相互感知到太极"意气"的奥妙。这套独创的形意神相随的太极功法，使学练者既省时省力又快速入门，直抵太极化境。

第二节　术语心法

一、松劲

关键是松中要有劲。松是要把拳架中的每一个拳式的起点和终点练好、练准，每个动作要沿着行进路线（轨迹）做到位，犹如坐着打拳，绝对不能起身。坐着打拳，一是要开胯，不能夹裆，二是重心后移不伤膝盖，没有专业指导，盲修瞎练，会给膝关节带来不可逆的损伤，要掌握好习拳方法不伤身体。这样练出来的是松沉功，"意气"会越练越强大。

松，更是"听"劲的状态，听到了才能控制对方，要让对方听自己的"话"。无论练拳或推手时身体的状态都是松的，能不僵硬才能一触即发，爆发出惊人的速度和力量。

在拳架中，松能让"意气"源源不断地喷发出来。在有"意气"的包裹和保护下，身体才能做到真正的自然放松。二者是相辅相成的。在推手中，松不是松软，松软是一种小劲弱劲，再小再弱也是劲，一种外劲而已，它正好被对方的大力所克制。正确的松是气往下沉，"意气"喷发出来，自然就松了。松中的弹簧劲也就出来了。自然形成了与对方的不丢不顶，先能接得住对方的劲，自然就能沉着冷静地应敌。

松的前提条件是要出意气，没有"意气"的松，是软、弱、不堪一击的，有"意气"的状态，是"极柔软极坚刚"的，拳架要习练纯熟，行拳时要"守中"，要形随意走浑然一体。

当练到"意气"时，下沉全身自然松涨，遇强则"意"更强，遇弱则轻灵，"意气"自此便可灵活运用了。

二、守中

与中定意思相近。怎么理解"中"字？在行拳中，"中"字自然是中正安舒，支撑八面。拳架动作要不过不及、不偏不倚，始终守住自己的本位和原点。在推手中，"中"字就是要与对方接上、合上、贯满意气等之意。最好是意气与对方接上。绝不是简简单单地用手臂或是身体的某部位与对方接上。当然初学者用手臂之力接也属正常，随着练习功力加深，意气与对方接上也就自然形成了。中定，就是你要与对方接上，要与对方合上，自然就是中定了。要用意气与对方接上，把意气贯满，中定就圆满了。用意气接，才是推手的高境界，才是真正的推手。"想推用意终何在，延年益寿不老春"，也是说太极拳的核心是用"意"，有"意"的太极拳才养生，才延年益寿。

三、阴阳

太极分阴阳，太极拳中的阴阳无处不在。阴阳是一而非二，是阴中有阳，阳中有阴，阴阳相合，阴阳是一体的两面。如手背为阳，手心为阴；如牛背为阳，牛腹为阴；上为阳下为阴，前为阳后为阴。一动即分阴阳，虚实转换亦复如是。初学者应将拳架动作要领练熟掌握，个别动作做不到或感觉不对时，可重点考虑在步伐或动作中的虚实转换是否不够自然，下盘与上肢动作是否协调统一，上手下手是否做到配合得当。若只顾上而忘下、只顾左或忘右、只顾前或忘后，都是阴阳失衡、虚实不分的表现。

把错误的原因找出来，反复练习直到做对就行了。很多人认为太极拳深奥难练，春昇太极拳一直致力于解决这一难题。拳架的每一处都有原则和关键点，神意不丢统领全身，一式会拳理通，使太极拳变得更简单易学，先不谈下多大功夫，学习方法对了才是关键，中国传统武术口传身授方可渊远流传。

四、虚实

如何虚实变换？虚实转换的瞬间，气如何才能遍身躯？如何才能做到不迟不滞？变换虚实时，意气怎么才能换得灵？如何才是圆活之趣？以上诸多疑问，首先要通过练拳架，练太极步练出意气，意气感要充盈饱满，练习推手，可以使意气更加灵活、更加灵敏。人们常常三五成群练习推手，也是体会意气的圆活之趣。意气弱，一个"撂"也能完美解决。所以说，按要点打拳、走步至关重要。练拳时，当意气能够在拳架中完美贯穿时，拳才练得对，练得准，练得增功。用手按触习拳人的任何一点，对方都会被意气带动而站立不稳。若没有意气只是练形，则对方不会有任何反应。很多习拳者外形打得很好看而没有意气，要找到原因，否则苦练一辈子也不得真义。

五、动静

静中要求动，动中去求静。身体千万不能乱动。动，指的是生出的意气动，而非外形动；静，是为了能连续不断地生出意气，而且充盈饱满。中定、中正安舒，也是为了能源源不断地生出意气。动静都是内在的东西。外在的外形只不过是顺意而变。体会不动时的意气更足，才是生生不已之真动，才是绝妙，行动的速度永远追不上意。例如一念之间就可以去上海"看"风景，想象在脑海中形成的画面，犹如身临其境。

意气出，动静皆宜，自然是真静真动。动中有静，静中有动。初学者以形带意，把"意气""教（叫）"出来，逐步逐年练习后，又一层境界是：身体纹丝不动，意气源源不断喷涌而出。动静之间随意变换。他们之间有一个"开关"或窍门，就是"撂"，或是"接"或是"合"的一瞬间。唯己知耳。己知而对方不知，以意制动，以意"听"静。或以静制动，以动制静。动静便可由己瞬间转换，这也是动静之趣。

若用意气听之，全而灵也。行拳时，要有对拉之势，或是对拉之劲，即在拳架的每一招每一式，都要有或前后或左右或上下涨出去的感觉。即是所谓的"支撑八面"。这样，是最容易出太极之意气的。只有带意气的拳势，才能称得上是六合的拳势，意气是太极拳的根本。

六、刚柔

即刚中有柔，柔中带刚，刚柔相济，《十三势行功心解》有云：极柔软，然后极坚刚。[1] 柔软和坚刚本是矛盾的，行拳、推手中同时做到刚柔相济、灵活运用，是很难达到的境界。刚柔在太极拳中是极为重要的。坚刚，是"意气"喷发出来时，自然显现出劲儿的刚猛有力、无坚不摧，是强大的能量，不是本力强大的硬顶，更不是特意做出来的刚硬。柔软，是柔韧，是富有弹性，如射箭的弓弦，柔和刚是两种同时存在、相互作用的力量和能量，缺一不可。简单地说，就比如自来水的橡胶水管，没水，就是软（柔），套上铁管就是硬（刚），"意气"就是水管里流动的水，使管子的力量立刻就涨起来了。

行拳和推手时，有刚缺柔、有柔无刚是经常出现的问题，如何练出刚柔相济的状态，太极拳理论中有言：在行拳中要做到尽量松、尽量柔。这句话很难做到，练也是刻意造作的松、柔状态，不是自然的。说到松柔，坚刚。"意气"有这个特性。你刚，它就刚；你柔它就柔。掤也是这样的。你刚，掤就刚；你柔，掤就柔。让"意气"自己去调节是刚还是柔，"意气"可以自动调整，自然应对，非真传实修不可得。

春昇太极拳的"三拳归一功法"，教（叫）出"意气"，呈现的状态就是刚柔相济、松中有劲、中正安舒、虚实变换。阴阳平衡、动静相宜是自然存在的，功到，有则全有，出则全出，"意气"不出空练功。出"意气"是要靠"教（叫）"，是要刻意练习的。柔是常态，刚是应敌，刚柔相济是功到自成的事。

吴图南在《凌空劲歌》中还提到了啄劲、荡劲、离空劲和凌空劲。啄劲与拿劲相似，就是"合"，就是"接"，也可以说是"摺"。啄劲通过拳架中的摺点可以练到，荡劲通过拳架中的"点线结合"的"线"就可以练到。啄劲是用意气拿住，荡劲就是用意气推送而出并搂拉而回。离空劲和凌空劲不要强练，要自然形成才行，不用过早练习，功到自然成。

参考文献：

[1] 武禹襄．十三势行动心解 [EB/OL]．百度文库，wk.baidu.com/view/0055783ff2853d．

第三节　行拳心法

打拳时，思想要安静，去除一切杂念，一心只想拳架动作。一旦走神要立刻拉回来，进入练拳状态。所有思想活动要均与当下的拳架相关或思考将要展开的动作。

打拳时，要有像站在云彩上、薄冰上一样，脚不能踩实、腿弯曲站立，战战兢兢怕掉下去踩漏薄冰的感觉。同时在拳架动作导引过程中，要中定而不能弯曲身体。要动静相合，拳架招式转换时定义为静，要静中求动，拳架运行时定义为动，要动中求静，"求"字可以理解成或改为"找"字，换个说法，就是：行拳时静中找动，动中找静。是一种你中有我，我中有你，瞬间产生的状态。同时自然呼吸和五字诀的"摺点"配合。松，就是腿在弯曲一定角度后，仍然能够支撑身体其他部位自由运转放松的状态。要求：关节打开、筋肉拉长、向皮毛外膨胀状态的松。松是出"意气"的前提和基础。只要松得正确，"意气"就能顺畅流动。通过反复练习，"意气"能自动喷出身体之外（强弱取决于功夫深浅），才是真正的松。通过练习拳架熟练后，习练者在老师的纠正指导下就能轻松地练出来了。

打拳时，要根据招式的不同变化默念与拳式有关的 10 字诀：球、圆、转、擗、缠、滚、挫、折、磨、卷。把这些字的含义结合拳架打出来了，拳架就算练好了。春昇太极拳对每个招式都有要求，每个摺点都有标准，达到高级阶段，便可行拳如有神，无人似有人。

打拳时，要有点有线，身体与地面平行，根据要求移动，不妄动；要缓、慢、匀、稳；要以轻灵、沉稳、坚刚、圆滑为原则；要带"意气"打拳，就是松透状态打拳，贯穿始终；要用胯打拳，就是每个动作腰胯先动；要左行架和右行架对应练习，才能得到太极拳的奥妙；要身传、口授、看、练、校正结合，若拳路打偏功夫白废。架子高低根据自己的条件定，腿部支撑以能否承受为准，打完拳后，腿部会微微酸胀，身体比较舒服就练对了。不舒服就要找原因，及时调整，不能强行练习。身体变僵硬，动作就会走样，"意气"就出不来，就不符合心法要求。其他更加具体的行拳要求详见心法实践技术要求。

第四节　推手心法

推手中，不能紧张，要全身膨胀放松。紧张会让人反应过度，肌肉僵硬，做不到松，"意气"不出，不增功不养生。推手时，与对方搭手就要精神集中、双目盯住对方眼神变化，不管是手臂还是身体任何部位与对方接触，都要与对方合为一体，全身膨胀、关节打开，顶住对方不能退缩、不能躲闪。这时对方微动就能感知到对方力点和方向，从而做出破坏其重心的动作使对方失去平衡或跌倒。身体的各个部位，每个器官，甚至全身的皮毛都要膨胀出"意气"，把对方弹出去。不管是有形的（动作），还是无形的（意气）都是一个整体的，都是同步的，是太极气场的能量把对方推出的。膨胀的"意气"需从身体各个部位全面喷出。"意气"出的力度是根据对方施加的力的大小来决定的，对方力大，"意气"出得就大，完全是自动收放。

"意气"，是通过教（叫）的训练产生的，是按掤、捋、挤、按、采、挒、肘、靠八法训练出来的。

掤的训练，双方体重相当为宜。双方面对站立，双脚平行，弓步脚尖与对方脚跟平齐。双手互相交错，前手搭在对方大臂上，后手搭在对方小臂上。双方用力推对方。心法：接手时心想无论接触部位还是未接触部位都要膨胀而出，去顶住对方不动；这时心想劲气从自己的胯部传达到了对方的支撑力的脚底，并推对方这个部位。谁的"意气"练得足，谁就一想这个过程，对方就失去平衡了。"意气"充足与否同拳架练习的准确和多少有关，在拳架准确的情况下越练越纯正，越练越充盈。

将的训练，是双方体重有差别的情况下进行的练习。站立方法同挪的训练，当力量大的一方把另一方推到超过中线向后倾倒状态时，力量小的一方一定要以腿部支撑住，保持全身的膨胀状态，顺着对方来力方向牵引发出"意气"使对方失去平衡，同时保持自身不倒的平衡状态定住。这时力量大的一方就会跌倒而出。经过反复训练熟练后，与对方一沾手，"意气"一出对方就失去平衡跌倒。

挤、按、采、捯、肘、靠等依次按心法要求训练半年后可达到熟练，之后完全可以自行修炼了。

在练习推手的过程中，有一个原则要注意：就是要边学边扔，学会了、记住了，就行了，就要把它"扔"了，"扔"不是没了，是把这个结果储存起来，身体记忆有了。再学下一个就可以了。因为推手的状态是千变万化的，可以当做是拳架的检验实习，作用是打磨拳架和实战演练，找到"意气"并能灵活运用。扔是学习一个目标储存一个肌肉记忆，存得多了功夫就全了，不执着于某一点某一势的苦练，招招不同，人人不同，要把范围扩大，不能死练僵化，不能固执不变。推手练的是自身出意气，练的是敏感度，要能感知到对方的变化，练的是"听劲"的功力，"一羽不能加，蚊虫不能落"，指的就是练拳、练推手能达到的一种高度和境界，敏感到知道如羽毛如蚊虫的轻微之力（势），有了这种敏锐的感知后，对自然事物的感知会有新的改变与发现。

在推手中还要注意"没、溜"两个字。

没，就是清零，推手中双方一搭手就知有没有，一搭手就把对方的力清空归零了，用"意气"让对方的双脚悬空，对方越使劲脚下越虚，自己把自己推出去了。还有一种情况，双方不用搭手，处于凌空、离空状态，纯用发放"意气"也可以让对方出去。

溜，就是一搭手，对方犹如推到一座大山，"溜"呈现的状态是稳如泰山，对方越用力越站不稳。因为"意气"练得充足的人一出手就胜利了，对方还没感觉到就跌倒了。"溜"是打对拳架的结果。习练拳架时，要求不妄动，腰胯打拳，点线平移，稍向下方，练出溜的感觉就对了。再有，行拳的状态如同流沙，运用到推手中，就一步到位抢占先机，对方脚下的地盘被占用了，已无立锥之地，或顺、或截、或出、或回、或上下、左右，那都得听你的，自然而为，无为而为。在推手中，一搭手，就是拳架中的撂，你全身的全部神意都要涨出去扑出去，但是扑过了就又是顶对方了，意气需不顶不丢。在推手中，见劲就要接，见劲就要柔，见劲就要化。"听劲"是关键，能否听得准，需要不断学习、不断实践，接、柔、化都得学会用"意气"。"四两拨千斤"，说的是你得先有千斤，而只用四两就够了的境界。用力无非是大力欺小力，有力欺无力，用力是讲条件有极限的，用"意"是无限的，即无极生太极。

推手——搭手要领：

化：要随接随化，随接随柔，自然顺随；

合：要与对方接上、合上，成为一体；

满：用意气贯满对方，贯满空间，使双方无缝隙；

还：把对方的劲还回去；

打：把对方的劲打走、打回去；

领：用神意领走对方的劲；

听：听对方的指挥而制约对方，借力打力；

吊：把对方的劲，"吊（调）"在他身体的某个部位；

没：把对方的劲用撂来清零；

胯：用胯和膝（形带意）把对方的劲碾压挤出。

推手时，没有出"意气"的时候，要通过打拳，先把太极劲打出来才行。推手时，如果意气没有，就先用劲掤住对方，支住对方。劲带着身体与对方自然就粘上了。推手时，不是用手推人，是胯用力通过身体肢体把力量传导至接触点顶着对方，把对方推出去的。意在先，用胯的劲气打上对方，"意气"的力已经打上他了，对方是不知道的。撂，就是要一开始就要与对方接上，就要把对方出"意气"的点感知到。若是一开始没有感知到，就不要再接了，将对方一推或是一顶，顶上了随时就"打"，让对方没有反应的时间，要随顶随放。练推手时不能拼命地练劲练肌肉力量，练到能基本上掤住、顶住对方就可以了。练过了不行，就成用蛮劲了，很难练出太极拳"意气"，练的火候不到，同样也练不出太极拳的"意气"。推手的难点在于把握分寸，需要老师"喂劲"帮助练习。

第四章　春昇太极拳心法实践

第一节　春昇太极拳拳架名称

1. 预备式
2. 太极起式
3. 千斤坠地
4. 力拔山河
5. 提臂上式（双臂）
6. 通天捋
7. 压胯提手（一）
8. 靠山推石
9. 下按
10. 海底捞月
11. 左右穿掌
12. 下采亮翅
13. 扑面掌
14. 怀中抱月

15. 狮子摆头
16. 左揽雀尾（一）
17. 左掤（一）
18. 捋
19. 黄龙回首（右）
20. 右挤（一）
21. 左盘手
22. 玉女缠纱（左）
23. 左揽雀尾（二）
24. 左掤（二）
25. 铁牛耕地（一）
26. 日出海面（右）
27. 左挤（一）
28. 平十字手（左）
29. 铁板桥（2次）

30. 贴身捋（一）
31. 压胯提手（二）
32. 按
33. 右左盘手2次（一）
34. 五指顶盘
35. 拨云见日
36. 右挤（二）
37. 左抱球（收脚）
38. 右揽雀尾（一）
39. 右掤（一）
40. 捋
41. 黄龙回首（左）
42. 左挤（二）
43. 右盘手（一）

44. 玉女缠纱（右）
45. 右揽雀尾（二）
46. 右掤（二）
47. 铁牛耕地（二）
48. 日出海面（左）
49. 右挤（三）
50. 平十字手（右）
51. 铁板桥
52. 贴身捋（二）
53. 压胯提手（三）
54. 右按左搂
55. 左下搂
56. 扣双挤（右）
57. 左右缠肘（各3圈）

58. 推石蹬山
59. 回身推球
60. 踮步推球
61. 斜单鞭（左）
62. 跟步搂挫
63. 展翅独立（左）
64. 提手上式
65. 神龟探首
66. 泰山压顶（一）
67. 孔雀摆尾
68. 左后捋
69. 双挤
70. 白鹤亮翅
71. 扑面推山
72. 玉臂摘月

73. 泰山压顶（二）
74. 右盘手（二）
75. 穿掌捋
76. 左搂膝（一）
77. 迎面掌（一）
78. 蹲身搂右（一）
79. 踮步手挥琵琶
　　（一）
80. 右左盘手2次
　　（二）
81. 手挥琵琶（一）
82. 左搂膝（二）
83. 迎面掌（二）
84. 抱球拉胯（一）
85. 抱球左推山

86. 右搂膝
87. 迎面掌（左）
88. 抱球拉胯（二）
89. 抱球右推山
90. 左搂膝（三）
91. 迎面掌（三）
92. 蹲身搂右（三）
93. 踮步手挥琵琶
　　（二）
94. 右左盘手2次
　　（三）
95. 手挥琵琶（二）
96. 左搂膝（四）
97. 迎面掌（四）
98. 抓扭

99. 反身劈身捶
100. 高探马
101. 调步侧身捶
102. 护裆捶
103. 弯弓射虎
104. 搬拦捶
105. 上步左搂膝
106. 穿如封似闭
107. 贴身捋（三）
108. 压胯提手
　　（四）
109. 托球转宇宙
110. 蹲身抱球
111. 十字手

①收式
②醍醐灌顶
③调息放松养丹田（吸呼3次）
④回头望月（右左各3次）

⑤童子小拜佛（3次）
⑥童子大拜佛（3次）
⑦踮脚放松（36次）

第二节　春昇太极拳心法技术要求

此功法为春昇太极拳的初级功法，即是入门功法。此功法是筑牢基础的根本，也是提升到高级功法的必由之路。以下是初级功法技术要点，习练者需严格按照以下三点要求进行练习。

一、中正安舒、水平行拳

每个动作都要以腰胯为主宰，在拳架行进中，头、颈椎、脊柱、尾骨垂直与地面。保持住中正，引领着动作前后左右上下移动，要缓慢地、顺畅地移动，有如履薄冰的感觉。并且只有在腰胯动时，才能做其他的动作，腰胯移动到停止位置时，其他的动作也必须同时停止。简单地说，就是腰胯动，全身动；腰胯停，全身停。每一个招式动作都要连续不断，一气呵成。身体要中正，精神安静，不偏不倚，不凸不凹。要专注平静，呼吸自然。全身各部位都要松。松是太极拳的根本，同时要沉，要以沉稳、轻灵、坚刚、圆滑为原则。不管腰胯（重心）是向前推进，还是向后拉回，腰胯的高度必须保持在同一条水平线上，绝不能起身，更不能忽高忽低，而且还必须沿直线的方向移动，不能偏斜。身体的移动，是腰在引领，是以在腰胯的带动下，被动的移动为最佳。

二、下盘沉稳、全身放松

万丈高楼平地起需要很好的基础，练拳也一样。春昇太极拳非常重视下盘功夫的练习，即腰腿的功夫。行拳走架时不能妄动，腰胯不能随意地旋转，同时双肩要保持在左右胯间的垂直点上。做到中正安舒，不偏不倚，初学者行拳架时，要根据拳架动作要求，腰胯要以直线向前后左右方向移动，同时保持在同一水平高度移动，或略微向斜下方一点儿行进更好。练拳时保持拳架不散乱，才能周身完整一气。

全身放松慢行拳，是打好春昇太极拳的基本要求。松，要松中有劲，有弹性。要慢行拳，腰胯有滑动感，身体的各个部位不能妄动，特别要注意不能随意地转肩转腰胯。要保持浑身整劲不散乱。松的时候要有生长或是生发的感觉，有向外与天地无限延展的感觉。松，只要松得通透，在推手中就能做到不丢不顶，黏住对方，借其力顺其势。在行拳中，松得通透，久练，"意气"就会自然而出。之后，在打拳过程中自然就能做到松中有劲。

吴图南曾言："松，是万能的。不会松，就不会打太极拳。[1]"缓慢行拳，就是为了能松得彻底，松得通透。练习拳架时打得太快，就没有松。松，不是软弱，更不是松懈无力。只有松透了推手中才能完全"听"到对方劲力，也就是所谓的"听劲"。听到，感知到，与对方形成一体，才能制约对方，控制对方，才能做到"人不知我，我独知人，英雄所向无敌"[2]。

三、点线结合、左右练习

点，是起点，或是终点，点是特定的位置，又是劲头的极点。即拳架中每一个式子的起点或终点。线，是拳式从起点到终点之间的运行路线。点也可以称之为撮点。这是行拳时"意气"绵绵不断的关键，劲断意不断，意断神可接。春昇太极拳习练到出神入化的高级境界时，这些平时强调的点、线，又会让它变得没有痕迹，随意即撮，不撮而撮。这些要靠真传才能体会，这也是太极拳属非物质文化遗产的特性。撮点，是出太极拳"意气"的核心，只有撮点做得圆满了，运行路线准确了，"意气"才会越练越充盈饱满。久而久之，就能达到随顺自然的太极境界。初学者也不必急于求成，先把基础打好，点、线、撮做到，就是成功的良好开端。

每个式子的起点和终点务必要清晰准确，做到精准而"饱满"，干净利索而不拖泥带水。点即撮点又分前撮点和后撮点。点与点之间运行路线要清晰准确，到顶点时手指要同时伸展，要有充胀感，要随着动作、意气自然展放，同时腰胯移动到尽头极限时，才能撮。全身以意气为主导，撮点必须顺势而撮，明确精准。拳式运行路线不能上下左右歪斜、波动，起点至终点需是固定线路，身体不能乱晃，随意变线。

持之以恒，不仅仅是要常练不断，无有间断，长年累月地坚持习练太极拳。更要以"专精深"的理念，持之以恒地习练太极拳才会有所成就。

《太极拳谱》书中提道："学拳不成，错在不专。能专三年有成"[3]。专——说的是专心致志持之以恒，春昇太极拳继承传统的同时，突破了前人的论断，习练春昇太极拳可以快速练出"意气"，一月出，三月成，之后越练"意气"越纯厚饱满充盈，感觉浑身是劲用不完，精神特别饱满。

吴图南先生强调："打太极拳要有点有线"[4]。在打太极拳时，能做到点线结合才有传统太极拳原汁原味的味道。也就是你才能体会到"意气"的收发。

要左行架和右行架同时练习，才能得到太极拳的奥妙。这也是春昇太极拳的独到之处。太极拳拳架中本身就是左右动作对称配合的，而春昇太极拳更强调这一点，故分左路行拳及右路行拳。二者是相互呼应对称的，一般在习拳时，左路练完直接打右路，这样做既起到阴阳平衡、动作协调的作用，又可使拳架达到灵活周顾的状态，并且加强了对"意气"的打磨和锤炼。左行架和右行架对应练习，还有个好处，就在于不会把拳架打"死"了，很多人练太极拳时，常年累月就打一套动作，一个位置，越熟练越固化，不知转换也不能突破和提升，原因是拳架套路守旧，练习安排不合理，"惯性"动作多，大脑得不到刺激，精神涣散，神意游离，拳架和神意挂不上，难以产生培植"意气"的效果。

参考文献：

[1] 于志钧.太极拳古代经典拳谱《十三势歌》探释（12）[EB/OL].豆丁网，https://www.docin.com/p-945388088.html.

[2][清]王宗岳.太极拳论[EB/OL].百度，http：//www.ysjq.jdor.htm.

[3][清]王宗岳，等.太极拳谱[M].北京：人民体育出版社，1995：7.

[4]张肇平.《太极拳语录》注解[M].北京：北京体育大学出版社，2008：6.

第三节　春昇太极拳心法应用111式

图 1　预备式

一、预备式

图 1 动作内容：

双脚并拢，身体自然直立。

双脚分开约 10 厘米，脚尖向前，两脚平行。

双臂自然下垂，两手放在大腿外侧，指尖向下。

头颈正直，唇口自然合拢，舌抵上颚，目视前方，下颏微收，全身自然放松，一松到底。

呼吸自然，平心静气，意识集中，精神内敛。

心法：自然旋转，以左胯、右胯或中心点为轴均可以。

二、太极起式

图 2-1 动作内容：

重心移至右脚，左脚平开，约与肩同宽。

心法：右侧斜下方撇出去，向左压出去左脚脚尖点地，一撇脚跟落地。

图 2-1　太极起式

图 2-2 动作内容：

重心慢慢向左移至身体正中。

心法：压胯擦地走到中心处轻微撇。

图 2-2　太极起式

图2-3 太极起式

图2-3动作内容：

腰胯慢慢向上提起，身体自然直立。

心法:慢慢提胯，双手向下涨出。

图2-4 太极起式

图2-4动作内容：

双臂慢慢向上平举，两手与肩平高，手心向下。

心法:不停，胯往下一落手起动，涨出去，意想挑出两条沟。

图 2-5 动作内容：

双臂屈肘，两手收至两肩侧前方手心向前。

心法：沉肘带动手上卷，后胯往下坐"撂"下，平行肘部往下沉。

图 2-5　太极起式

图 2-6 动作内容：

松腰松胯，手心向外。

心法：快点撂、往下坐，手往斜上方拉伸。

图 2-6　太极起式

图 2-7 动作内容：

腰胯慢慢下沉，同时两臂朝身体两侧斜上方缓慢伸直至尽头，手心向斜下方。

心法：腰胯下沉，两臂拉伸到顶点，振大臂、小臂、塌腕、手摆下至胯部，腿部不动支撑住胯。

图 2-7　太极起式

图 2-8 动作内容：

重心向右移至右腿，同时双臂缓缓下落划弧至身体约 30 厘米处，双手要有搂抱之感。

心法：双手向下有搂抱感，身体向右下侧缓慢移动（放松）双手下抱至 45 度时开始收脚。

图 2-8　太极起式

图 2-9 动作内容：

左脚提起收回至右脚内侧。

心法：不停，继续向右下坐，提起左脚收至右脚内侧。

图 2-9　太极起式

图 2-10 动作内容：

重心继续右移，并完全落实在右腿。双臂继续下落划弧收拢至身体两侧，手心向内，轻轻贴在身体两侧。

心法：右脚踏实，身体重量落到右胯上，重心完全落到右腿上。

图 2-10　太极起式

图 2-11　太极起式

图 2-11 动作内容：

腰胯慢慢上提，双腿缓缓伸直，身体自然直立。

心法：重心不变，提起右胯至双腿伸直。重心缓慢移动至中心。

图 3-1　千斤坠地

三、千斤坠地

图 3-1 动作内容：

重心移至右腿。

心法：重心向后下方坐实。

图 3-2 千斤坠地

图 3-2 动作内容：

左脚提起，慢慢向左平开，约与肩同宽，左脚尖点地，脚跟虚悬。

心法：身体向右下方下压右胯，挤出左腿。

图 3-3 千斤坠地

图 3-3 动作内容：

重心缓缓向左移至身体正中，左脚跟着地，同时旋转手掌，小指朝前，掌心向外。

心法：不停，继续压右胯意想胯擦地移动正中，同时双肩内卷带动手臂翻转至小指朝前，胯向后下方坐实。

图 3-4　千斤坠地

图 3-4 动作内容：

身体缓缓下沉，双膝慢慢微屈，至大腿与地面平行为佳（尽量而为，不可强求），双膝尽量不过脚尖。

心法：不停，身体继续向后下方下沉，至膝盖不超过脚尖，撂下。

图 4　力拔山河

四、力拔山河

图 4 动作内容：

身体慢慢向上提起，双膝缓缓伸直，同时双手慢慢旋转至手背向前，身体自然直立。

心法：身体下沉下砸，把身体弹起。同时拉胯上提，意想双手继续向下伸长插入地下深处。

五、提臂上式（双臂）

图 5-1 动作内容：

两臂缓缓向前向上平举，手心向下，约与肩平高时，手心慢慢旋转相对。

心法：不停，身体向后坐实，同时双手向前掘地，双手抬起两条深沟。

图 5-1　提臂上式（双臂）

图 5-2 动作内容

手过肩高时，手心慢慢翻转向前，继续向上向前举起至头顶上方，双臂伸直，指尖向上。

心法：不停，胯向后下坐，同时双手举起两条长沟，意想意气喷射至天上，把长沟撂在天上。

图 5-2　提臂上式（双臂）

图6 通天捋

六、通天捋

图6动作内容：

双手自然下捋，过下额时，要贴身下捋到尽头，至两胯侧后方，指尖向下，手心向后。

心法： 胯继续向后下方坐，拉动双手下捋。意想把天上星星拉下来，摞在地上并下按到地底下摞下。

图7 压胯提手（一）

七、压胯提手（一）

图7动作内容：

松腰松胯，腰胯缓慢下沉，双手慢慢上卷并上提，随沉随贴身上提至胸前成坡掌，手心向前，指尖朝斜上方。

心法： 身体下沉胯下压，松肩沉肘以肘尖为轴卷起小臂带动双手上卷。

八、靠山推石

图 8 动作内容：

腰胯下沉，向后坐实，双膝慢慢微屈，双掌向前缓缓推送而出至尽头，同时双肩也向后慢慢挤出。手指向前，手心向下。

心法：不停，腰向后带动身体整体向后靠挤出双手向前推（有背靠大山推动大石之感）到尽头双手放平撂下。

图 8 靠山推石

九、下按

图 9 动作内容：

腰胯带身体慢慢下沉，双膝微屈，尽量做到大腿与地面平行，膝盖尽量不过脚尖，双手随身体轻轻下按至膝部，此时，两手呈抱球状，并贴在两腿内侧。

心法：腰胯带动身体下坐，意想双手下按一个猛兽，猛兽极力反抗不让按。直至征服猛兽，猛兽变成千斤月亮。双手抱起月亮。

图 9 下按

图 10　海底捞月

十、海底捞月

图 10 动作内容：

腰胯缓缓上提，双腿慢慢伸直，身体缓缓直立，双手呈抱球状上提至两胯处。

心法：用腰胯带动身体缓慢抱起月亮，至双腿微曲，千斤之重。腰胯坐实，撂下。

图 11-1　左右穿掌

十一、左右穿掌

图 11-1 动作内容：

重心向左移动，腰胯向右旋转至约 45° 方向。两手也要同时慢慢回扣在两胯前。腰胯向后坐实。

心法：右肩找左胯、右肘找左膝，带动右胯催动左胯向右旋转重心左移，拉动双手扣在胯旁，坐实撂下。

图 11-2 动作内容：

重心逐渐慢慢向前移至右腿，同时左掌向前穿出，指尖向前，手心向右。

心法：左胯催动右胯左肩左肘至左手向右脚尖方向伸出，至右胯顶到头。重心落在右腿右胯坐实。

图 11-2　左右穿掌

图 11-3 动作内容：

左脚缓缓提起，向前收至右脚内侧虚悬，脚尖自然下垂。同时右手小指、与无名指依次弯曲。

心法：左手定住一点，右手小指、无名指依次弯曲。沉肩坠肘拉动左脚收至右脚内侧脚尖点地，撂下。

图 11-3　左右穿掌

图 11-4 动作内容：右掌向前穿出至左手手腕下方，指尖朝前，手心朝左，同时左脚亦向前穿出，脚面绷直，脚尖向前。

心法：右胯下落，压出右手和左脚同时到顶点，身体下坐，身体微弓。

图 11-4 左右穿掌

十二、下采亮翅

图 12 动作内容：左脚向前落下，脚尖点地，成左虚步，右手上提至头顶上方右侧，手臂伸直，指尖向上，手心向前，同时左手下采与右手形成对拉之势，左手落在左胯侧后下方，指尖向下，手心朝后。

心法：意想右手指划破天空，左手划开大地一道深沟。右胯支撑千斤重力。

图 12 下采亮翅

图 13-1 扑面掌

十三、扑面掌

图 13-1 动作内容：

腰胯向后向下缓缓下沉。右膝慢慢微屈，左脚脚跟慢慢着地，同时带右手落至右肩前，右手约与肩平，指尖向前，掌心向下。

心法：右手下落拉拽一颗行星落在地上，左手插入地下。

图 13-2 动作内容：

腰胯向后下方坐实，同时右掌手心向前，指尖向上。

心法：腰胯坐实，挤压右手抬起星星。双手同时涨出。

图 13-2 扑面掌

图 13-3　扑面掌

图 13-3 动作内容：

重心逐渐向前移至左腿，同时带动双手向前推送而出，推至尽头，右手略低于肩，手心向下，指尖向前，左手移至左膝稍前方，指尖向前下方，掌心朝后下方。

心法：后胯催动左胯带动双手同时向前，左手刮地、右手推星星按入地下一部分。

图 14　怀中抱月

十四、怀中抱月

图 14 动作内容：

身体向后拉坐而回，重心逐渐移至右腿，带动双手慢慢抱球向后合于身前，左手在下，右手在上，掌心相对，距身前约一小臂的距离。

心法：心想双手把月亮抱住并拉回到怀中。

十五、狮子摆头

图 15-1 动作内容：

腰胯松沉，头颈慢慢向右后方旋转至尽头。

心法：心想眼神把怀中的月亮拨移到身后。

图 15-1　狮子摆头

图 15-2 动作内容：

头颈缓缓转回至原处，目视前方。

心法：心想眼神把这个月亮拨回到身体正前方。

图 15-2　狮子摆头

图 16　左揽雀尾（一）

十六、左揽雀尾（一）

图 16 动作内容：

抬起左脚，腰胯向左摆，带左脚向左转至约 90° 方向，脚跟先着地，脚尖翘起。同时左手翻卷，向左上方划弧，左手与左肋平高，手心向内成掤手，同时右手向右下方划弧至右胯旁，手心向前，指尖朝斜上方，两手手心相对，右手指尖与左手小指平齐。同时，左脚脚尖慢慢着地放平。重心落实在右脚。

心法：心想双手抱一个大铁球，摆时腰胯后坐同时双手好像要把这个大铁球向前后拉抻而变大。

图 17-1　左掤（一）

十七、左掤（一）

图 17-1 动作内容：

重心由右腿逐渐移至左腿。同时双手掤出至尽头。

心法：心想腰胯紧紧贴着地面磨挫前移，双手好像推移着一个大铁球缓慢前移。

图 17-2 左掤（一）

图 17-2 动作内容：

以左胯尖为轴向左旋转，同时带动两手一起左转，两手平齐，指尖向前，掌心相对，约与肩同宽。

心法：左胯尖原地不动，并紧紧向前倚住，心想右胯尖像一扇门一样向左旋转。

十八、捋

图 18 动作内容：

重心向后移至右腿，带动双手向后拉至胸前约一小臂距离，手形不变。

心法：心想双手把一座小山抻拉回来。

图 18 捋

图 19　黄龙回首（右）

十九、黄龙回首（右）

图 19 动作内容：

腰胯带动双手向右旋转约 90°，同时左手旋转至指尖朝上，手心向前，右手不变，两手手心相对，相距约 20 厘米。

心法：心想把一座小山移动到右侧。

图 20　右挤（一）

二十、右挤（一）

图 20 动作内容：

双手呈掤式向右挤出至尽头，左手在上，右手在下，手心相对，两手相距约 20 厘米，双手呈阴阳鱼形。

心法：心想把一座小山挤推而出。

二十一、左盘手

图 21 动作内容：

重心向左移至左腿，同时带动双手移至左侧尽头，手形不变。

心法：心想腰胯紧贴地面向左磨挫而行，同时带动双手向左亦紧贴地面而行，至尽头时撂出去，即腰胯向左扔出去，同时双臂双手向左涨出伸直，好似有意气喷发而出。

图 21 左盘手

二十二、玉女缠纱（左）

图 22-1 动作内容：

重心向右移至右腿，腰胯带动双手（呈抱球状）向左、后、下方划弧至左胯旁。

心法：心想腰胯向后贴地磨挫而拉回带动双手移动，双手好像在大铁球上缠两条丝带，拖拽铁球移动。

图 22-1 玉女缠纱（左）

图 22-2 玉女缠纱（左）

图 22-2 动作内容：

双手平移至右胯（右手至右胯前即可）。

心法：心想双手把这个大铁球贴地平移到右胯处。

图 22-3 玉女缠纱（左）

图 22-3 动作内容：

双手向上托起至腹部，双手呈抱球状，左手在下，掌心向上，指尖朝右前方，右手在上，掌心向下，指尖朝前，掌心相对，成十字交叉状。

心法：心想双手向上托起一个大铁球。

二十三、左揽雀尾（二）

图 23 动作内容：

左手向左上方划弧，右手向右下方划弧，左手手心向后，指尖向右，与左肋平高，成掤手，右手心向前，指尖向上，在右肋旁，两手掌心相对，右手指尖与左手小指平齐。

心法：心想双手从下往上，由前向后滚卷这个大铁球。做捋动作时，要心想腰胯向后下方扔出去，同时双手把这个大铁球前后瞬间拉大，好像有气体从球内爆发而出。

图 23　左揽雀尾（二）

二十四、左掤（二）

图 24 动作内容：

重心由右腿向前逐渐移至左腿，同时双手向前掤出至尽头，双掌指尖向前，掌心相对，左手在上在前，手心朝下，右手在下在后，手心朝上，两手间隔约 20 厘米。

心法：同图 17-1. 捋时心想腰胯向前下方扔出去，同时双臂双手向前方涨出伸直，好像有意气向前喷发而出。

图 24　左掤（二）

图25　铁牛耕地（一）

二十五、铁牛耕地（一）

图 25 动作内容：

重心向右移动，腰胯带动双手向右，左手搂、右手撩至右肩右前方，重心完全坐实在右腿。左脚内扣。两手手心向上，右手指尖与眉齐高，左手在右肘左下方。

心法：心想腰胯紧贴地面向右慢慢磨挫移动，右手好像牵一头铁牛，左手好像是一把铁梨在犁地。

图26　日出海面（右）

二十六、日出海面（右）

图 26 动作内容：

双手向上方托起，举至尽头。左手翻转，手心向下，手指贴抵在右肘下。

心法：心想双手好像把太阳慢慢托出海面。撂时好像把太阳放在了树梢上。

图 27-1　左挤（一）

二十七、左挤（一）

图 27-1 动作内容：

右臂下落至左臂上，双臂屈肘贴在胸前。同时左脚外撇。

心法：腰胯向右下方挤压下沉时，带动右臂曲肘，心想好像把一根钢筋棍折弯。

图 27-2 动作内容：

重心向左移至左腿，腰胯带左肘及全身向左挤出至尽头。重心坐实于左腿。

心法：腰胯贴地而向左慢慢移动，好像是左肘尖把一个大铁球慢慢挤出。

图 27-2　左挤（一）

图 28-1　平十字手（左）

二十八、平十字手（左）

图 28-1 动作内容：

腰胯以左胯尖为轴，向左旋转约 90°，双手缓缓上提并翻卷，手心向下。

心法：左胯尖不动，心想右胯像一扇门被左胯旋拧转动而打开。

图 28-2 动作内容：

双手分开，同时分别外抹向前至尽头，手心向下，指尖向前，约与肩同宽。

心法：心想双手分别向外好像把桌布慢慢抹平。

图 28-2　平十字手（左）

二十九、铁板桥（2次）

图 29 动作内容：

重心向后移至右腿，同时腰胯带动双手慢慢向后收至面部侧前方，手心向外，指尖向上，腰胯向后坐实。

心法：心想腰胯贴地而向后移动，同时带动双手向后移动，心想双手吸着一座大山向后移动。

图 29 铁板桥（2次）

三十、贴身捋（一）

图 30 动作内容：

两手沿身体向下捋至尽头，至两胯侧后方，手心向后，指尖斜向下。

心法：心想双掌是被腰胯带动慢慢向下捋。捋时心想腰胯向后下方扔出去。此时身体各个部位不能乱动，特别是不能低头找平衡。

图 30 贴身捋（一）

图31 压胯提手（二）

三十一、压胯提手（二）

图 31 动作内容：

双手向上翻卷，移至胸前呈坡掌。

心法：腰胯慢慢向后下方挤压，心想双手是被腰胯挤压向上翻卷。撂时腰胯向后下方扔出去，同时带动双手也扔出去。

图32 按

三十二、按

图 32 动作内容：

重心向前逐渐移至左腿，同时两手向前推送而出至尽头，两手指尖向前，掌心向下，略低于肩，同时重心坐实于左腿。

心法：心想腰胯催动双手向前贴地而动，如同推着一座大山向前艰难移动。撂时心想腰胯向前方扔出去，并催动双手一起向前扔出。好像是有意气喷出去的感觉。

三十三、右左盘手2次（一）

图33-1 动作内容：

重心移至右腿，同时腰胯带动双手向右移至尽头，右手翻转手心向上，左手不变，左手略高于右手，两手手心相对。

心法：心想腰胯像推土机一样向左、右推土作业，继而带动双臂左右移动，同时心想双臂好像两把利剑，把地面上的杂草连根削掉。

图33-1 右左盘手2次（一）

图33-2 动作内容：

重心移至左腿，同时腰胯带动双手向左移至尽头，双手同时翻转，掌心相对，右手略高于左手。

心法：同图33-1心法。

图33-2 右左盘手2次（一）

图 33-3　右左盘手 2 次（一）

图 33-3 动作内容：

重心再次移至右腿，腰胯带动双手向右移至尽头，双手同时翻转，手心相对，左手略高于右手。

心法：同图 33-1 心法。

图 33-4　右左盘手 2 次（一）

图 33-4 动作内容：

重心向左移到左腿，腰胯带动双手向左移至尽头，重心落实在左腿。

心法：同图 33-1 心法。

图 33-5 动作内容：

以左胯尖为轴向左旋转约 90°，腰胯带动双臂向左旋转，同时右手向下翻转，双手平齐，手心朝下，指尖向前。

心法：左胯尖不动，身体向前倚住，心想右胯像一扇门向左拉开。摆时心想腰胯向前方扔出去，同时双臂、双手向前涨出伸直，好像意气向前喷发而出。

图 33-5 右左盘手 2 次（一）

三十四、五指顶盘

图 34 动作内容：

重心向后移到右腿，腰胯带动双手慢慢向后收至胸前，双手距胸前约一小臂的距离。坐腕立掌，指尖向上，手心向前。重心坐实在右腿。

心法：心想腰胯贴地慢慢磨挫拉回并带动双手好像吸附着一座小山向后移动。

图 34 五指顶盘

图35　拨云见日

三十五、拨云见日

图 35 动作内容：

以右胯尖为轴，腰胯向右旋转约 180°。同时腰胯带动双手向右旋转，左脚内扣，重心坐实于右腿。双手手心向前，指尖向上，左手在后，右手在前，双手间隔约一小臂的距离。

心法：心想右胯尖不动，左胯像磨盘一样向右慢慢旋转并牵左脚内扣，同时腰胯驱动左手，左手驱动右手一并向右旋转。

图36　右挤（二）

三十六、右挤（二）

图 36 动作内容：

双手向右挤出至尽头，两手手心向下，指尖向前。

心法：心想腰胯向右倚住并挤压双手像推一座小山向右推出，撂时心想腰胯向右下方扔出去，同时双手迅速向前伸平，好像是把这座小山推倒。

三十七、左抱球（收脚）

图 37 动作内容：

双手迅速收回至左肋旁侧，同时带动右脚迅速收至左脚内侧，脚尖点地。双手呈抱球状，双手十字交叉，掌心相对，左手在上，指尖朝前，右手在下，指尖朝左，左手在胸前处，右手在丹田前。重心落实在左腿。双手距身体约一小臂的距离。

心法：向后收右脚的同时心想双手把一个大铁球收回抱在怀中。

图 37　左抱球（收脚）

三十八、右揽雀尾（一）

图 38 动作内容：

右脚向前迈出一步，脚跟先着地，脚尖翘起。同时右手翻卷向前上方划弧，右手与右肋平高，手心向内成掤手，同时左手向后下方划弧至左肋下，手心向前，指尖向斜上方。两手手心相对，左手指尖与右手小指平齐。同时右脚尖慢慢放平着地，重心坐实在左腿。

心法：同时心想双手从下往上，由前向后滚卷这个大铁球。做摞动作时，要心想腰胯向后下方扔出去，同时双手把这个大铁球前后瞬间拉大，好像有气体从球内爆发而出。

图 38　右揽雀尾（一）

图 39-1　右掤（一）

三十九、右掤（一）

图 39-1 动作内容：

重心由左腿逐渐移至右腿，同时双手掤出至尽头。

心法：同图 17-1 心法。

图 39-2　右掤（一）

图 39-2 动作内容：

以右胯尖为轴向右旋转，同时带动双手一同右转，两手平齐，指尖向前，掌心相对，约与肩同宽。

心法：同图 17-2 心法。

图 40　将

四十、将

图 40 动作内容：

重心向后移至左腿坐实，带动双手向后拉回至胸前约一小臂的距离。手形不变。

心法：同图 18 心法。

四十一、黄龙回首（左）

图 41 动作内容：

腰胯带动双手向左旋转约 180°。同时右手旋转至手指朝上，手心稍斜向前，左手不变，两手掌心相对，相距约 20 厘米。

心法：同图 19 心法。

图 41　黄龙回首（左）

图 42　左挤（二）

四十二、左挤（二）

图 42 动作内容：

双手呈掤式向左挤出至尽头，双手呈阴阳鱼形，左手在下，右手在上，手心相对，两手间距约 20 厘米。

心法：同图 20 心法。

图 43　右盘手（一）

四十三、右盘手（一）

图 43 动作内容：

重心向右移至右腿，同时带动双手移至右侧尽头，手形不变。

心法：同图 21 心法。

四十四、玉女缠纱（右）

图 44-1 动作内容：

重心向后移至左腿，腰胯带动双手（呈抱球状）向右下方划弧至右胯旁。

心法：同图 22-1 心法。

图 44-1　玉女缠纱（右）

图 44-2 动作内容：

双手平移至胯前。

心法：同图 22-2 心法。

图 44-2　玉女缠纱（右）

图 44-3 动作内容：

双手向上托起至腹前，呈抱球状，左手在上，掌心向下，指尖朝前；右手在下，掌心向上，指尖朝左，掌心相对，呈十字交叉状。

心法：同图 22-3 心法。

图 44-3　玉女缠纱（右）

四十五、右揽雀尾（二）

图 45 动作内容：

右手向前上方划弧，左手向后下方划弧，右手心向后，指尖向左，与右肋平高，左手心向前，指尖向上，在左胯旁，掌心相对，左手指尖与右手小指平齐。

心法：同图 23 心法。

图 45　右揽雀尾（二）

四十六、右掤（二）

图46 动作内容：

重心由左腿向前逐渐移至右腿，同时双手向前掤出至尽头，双掌指尖向前，掌心相对，左手在后，右手在前，间距约 20 厘米。

心法：同图 24 心法。

图 46　右掤（二）

四十七、铁牛耕地（二）

图47 动作内容：

重心向左移至左腿坐实。右脚内扣，腰胯带动双手向左，右手搂、左手撩至左肩左前方，手心向上，左手指尖与肩齐高，右手在左肘右下方。

心法：同图 25 心法。

图 47　铁牛耕地（二）

图 48　日出海面（左）

四十八、日出海面（左）

图 48 动作内容：

双手向上举至尽头，右手翻转，手心向下，手指贴抵在左肘下。

心法：同图 26 心法。

图 49-1　右挤（三）

四十九、右挤（三）

图 49-1 动作内容：

左臂下落至右臂上，双臂屈肘贴在胸前，同时，右脚外撇。

心法：同图 27-1 心法。

图 49-2 动作内容：

重心向右移至右腿，腰胯带动右肘及全身向右挤出至尽头，重心落实于右腿。

心法：同图 27-2 心法。

图 49-2　右挤（三）

五十、平十字手（右）

图 50-1 动作内容：

腰胯以右胯尖为轴向右旋转约90°，双手缓缓上提并向上翻卷，手心朝下。

心法：同图 28-1 心法。

图 50-1　平十字手（右）

图 50-2　平十字手（右）

图 50-2 动作内容：

双手向前同时分开，分别向外抹出至尽头，手心向下，指尖向前，约与肩同宽。

心法：同图 28-2 心法。

图 51　铁板桥

五十一、铁板桥

图 51 动作内容：

重心向后移至左腿坐实，同时腰胯带动双手慢慢向后收至面部侧前方，手心向外，指尖朝上。

心法：同图 29 心法。

五十二、贴身捋（二）

图 52 同图 30 动作内容。

心法：同图 30 心法。

图52　贴身捋（二）

五十三、压胯提手（三）

图 53 动作内容：双手向上翻卷，移至胸前呈坡掌。

心法：同图 31 心法。

图53　压胯提手（三）

图 54-1　右按左搂

五十四、右按左搂

图 54-1 动作内容：

重心逐渐移向右腿并落实。同时双手向前推送而出至右膝。

心法：心想双手各推着一个大铁球前移。

图 54-2　右按左搂

图 54-2 动作内容：

左手沿右手手心、手腕、右臂逐渐向后搂至右腋下，同时右手向前推送至尽头，指尖向前。

心法：搂时心想双手把这两个大铁球合在一起的瞬间，右手把一个球向前推出去，左手把另一个球搂到腋下。

五十五、左下搂

图 55 动作内容：

重心移至左腿，同时腰胯带动双手向左下方搂回，左手从右腋下搂至左胯左下方，右手搂至右脚上方时带右脚内扣，右手不停，一直搂至左腿前，两手手心相对，指尖向下。

心法：心想两手分别把两个大铁球搂到左腿前，撂时心想把两个大铁球合二为一扔到地上。

图 55　左下搂

五十六、扣双挤（右）

图 56-1 动作内容：

重心移到右腿，腰胯带动左臂向上向右经头顶上方划弧至右肩上方，同时右手向上搂至左腋下方约15 厘米处，此时重心正好落实在右腿。

心法：心想左右手分别托着一个大铁球，撂时双手把两个大铁球合二为一。

图 56-1　扣双挤（右）

图 56-2　扣双挤（右）

图 56-2 动作内容：

以右胯尖为轴，腰胯向右旋转约 90°，左手不停，继续下落，轻轻贴在右肘上，同时右手也不停，继续搂至左腋下，并贴在左腋下，此时，身体正好转至正右方，目视前方。

心法：腰胯旋转时，心想双肘把这个大铁球碾转至身前。

图 57-1　左右缠肘（各 3 圈）

五十七、左右缠肘（各 3 圈）

图 57-1 动作内容：

重心向左移至身体正中心，同时身体转至正前方。

心法：心想左胯提起叠落在右胯尖上。

图 57-2 动作内容：

腰胯以右胯尖为轴心，带动左肘尖沿顺时针方向，并以右脚右侧前方约 3 米处的一点为中心，划满椭圆三圈。

心法：心想左肘随腰胯拧转而动，在地面上划出三道水渠出来。

图 57-2　左右缠肘（各 3 圈）

图 57-3 动作内容：

左肘尖扎向右前方的中心点，左肘略低，右肘略高。

心法：心想左肘尖扎进中心点所在的地面上，串上这三道水渠。

图 57-3　左右缠肘（各 3 圈）

图 57-4 动作内容：

以右脚脚掌为支点，以腰胯带动身体左转约 90°，重心依旧落实在右腿。左脚脚尖点地，脚跟悬空，此时右脚脚尖对着左脚脚跟，两脚成八字形。

心法：心想左肘把这三道水渠挑到左边。

图 57-4　左右缠肘（各 3 圈）

图 57-5 动作内容：

腰胯仍然以右胯尖为轴心，带动右肘尖以逆时针方向，以左脚左侧前方约 3 米处的一点为中心划满椭圆三圈。右肘肘尖扎向左前方中心点，右肘略低，左肘略高，重心仍在右腿上，左脚尖点地为虚。

心法：心想用右肘再在地上划出三道水渠，划完水渠，心想右肘尖扎在中心点的地下。

图 57-5　左右缠肘（各 3 圈）

五十八、推石蹬山

图 58-1 动作内容：

以右胯尖为轴，腰胯带全身向右旋转约 90°。左脚提起向右前方移动半脚的距离，脚跟先着地，脚尖后着地放平。

心法：心想是腰胯向后下方压沉时，把左脚挤压出去的。

图 58-1　推石蹬山

图 58-2 动作内容：

重心向前移至左腿坐实，右脚提起，非常缓慢地收至左脚右侧，右脚脚尖朝向正前方。

心法：心想是腰胯向前下方挤压时，把右脚拉拽回来的。

图 58-2　推石蹬山

图 58-3 动作内容：

重心再次向右移回至右腿坐实。

心法：心想腰胯是紧紧贴在地面上，磨挫移回到右腿的。

图 58-3 推石蹬山

图 58-4 动作内容：

左膝慢慢向上提起虚悬与胯齐平，脚尖自然下垂。

心法：心想腰胯向下沉压时，把左膝压起。

图 58-4 推石蹬山

图 58-5 动作内容：

以腰胯为轴，上身前屈（躬身）约 90°，与地面平行为佳。同时带动双臂上提并向上翻卷，手心向下。

心法：心想身体好像一个跷跷板被压平。

图 58-5　推石蹬山

图 58-6 动作内容：

左脚向后快速蹬出，同时双手向前快速推出，手心向外，指尖相对。

心法：心想双手向前推出去一块大石头，同时左脚向后蹬出去一座小山。

图 58-6　推石蹬山

图 59-1　回身推球

五十九、回身推球

图 59-1 动作内容：

左脚落下，前脚掌先着地，后脚跟后着地放平。同时双手掌心向左，指尖向前，左手在头上，右手在头下，间隔约 50 厘米，身体朝下。

心法：心想双手把一个大铁球拨挪到身体前面。

图 59-2 动作内容：

重心向左移至身体正中，腰胯带双臂向左搂至身体正前方，手形位置不变。右脚内扣。

心法：搂时，心想腰胯向后下方扔出去，同时双手向外涨出，好像有意气喷发出去。

图 59-2　回身推球

图 59-3 动作内容：

双手快速（似推球状）向左后方推出，同时，右脚迅速收至左脚内侧。重心落在左腿。掌心向外，左手指尖朝前，右手指尖向斜下方。

心法：心想双手快速地把一个大铁球推出去了。

图 59-3　回身推球

六十、跐步推球

图 60-1 动作内容：

左手下采，右手上托，左手指尖向前下方，右手指尖向前上方。两手手心朝前，呈推球状。

心法：心想左手向下把一个大铁球按到大地下面，同时挤压右手使右手把另一个大铁球托起到空中。

图 60-1　跐步推球

图 60-2　踮步推球

图 60-2 动作内容：

以左脚为轴，腰胯向右旋转约 180°，右脚脚跟提起悬空，以脚尖为轴一并旋转，同时双手稍微翻转至手心向前。

心法：心想双手托着一个大铁球与腰胯一同旋转。

图 60-3　踮步推球

图 60-3 动作内容：

右脚快速向前蹿出一步，左脚快速跟至右脚后放平。同时带动双手也向前快速推出。左手在下，右手在上。左手指尖朝前下方，右手指尖朝前，两手手心相对。左手在腹部下方，右手略低于肩。

心法：心想双手向前快速推出去一个大铁球。

六十一、斜单鞭（左）

图 61-1 动作内容：

左手翻转并上提变掤手，手心朝内，右手变勾手，两手略低于肩，间隔约八寸的距离。

心法：心想左手好像是托起一个大铁球似的。

图 61-1　斜单鞭（左）

图 61-2 动作内容：

腰胯以右胯尖为轴向左旋转约90°，同时带动左脚向左迈出一步，脚跟先着地，脚尖后着地。同时左手翻转至手心向前，指尖向上，坐腕。右勾手不变。

心法：右胯尖不动，左胯向左旋转时心想是左手牵拉右手而转动的。

图 61-2　斜单鞭（左）

图 61-3　斜单鞭（左）

图 61-3 动作内容：

重心向前慢慢移至左腿，同时左掌向前推出至尽头并翻转手心向上，指尖向前；同时右勾手向后拉伸至尽头后变掌，手心向上，指尖向后。两臂伸直。重心落实于左腿。

心法：心想左右手分别向前后拉伸时，好像是要把一根钢筋棍拉断。撂时腰胯向前下方扔出去，同时双手双臂伸直涨出去，好像意气从两手指中喷发而出。

图 62-1　跟步搂挫

六十二、跟步搂挫

图 62-1 动作内容：

右脚向前跟进一脚的距离，同时右臂屈肘，右掌心向下，指尖稍斜朝前上方。

心法：右臂曲肘时心想腰胯向前好像顶住一堵墙。

图 62-2 动作内容：

重心移到右腿，同时左手向后搂，右手向前挫，右手前挫至胸前，左手搂至右手手腕下方，重心落实在右腿，目视前方。

心法：心想右手好像按住地面挫磨而移动，左手好像是在把地面上的大铁球搂回来。

图 62-2 跟步搂挫

六十三、展翅独立（左）

图 63-1 动作内容：

右手原地翻转，左手边下落边翻转，双手同时翻转至手心向外，同时左脚内扣。

心法：心想双手分别上下翻卷，把一个大铁球拧成两半。

图 63-1 展翅独立（左）

图 63-2 展翅独立（左）

图 63-2 动作内容：

重心向左慢慢移向左腿落实。同时双手由下而上划弧至头顶上方尽头，双臂略微弯曲。

心法：腰胯向后下方下沉心想双手把两个大铁球分别托举到天空尽头。

图 63-3 展翅独立（左）

图 63-3 动作内容：

双手不停分别向两侧划弧至与肩同高。

心法：心想双手分别把两个大铁球慢慢地拢搂到身体两侧。

图 63-4 动作内容：

右膝提起虚悬与胯平，右脚尖自然下垂。同时双手不停，继续分别向下划弧下落，收至腰胯后。手心向外。

心法：心想腰胯下沉，把右膝挤压而上，右膝好像把一个大铁球从地面顶起，同时双手迅速地把两个大铁球搂到身后。

图 63-4　展翅独立（左）

六十四、提手上式

图 64-1 动作内容：

右脚下落于身前，脚跟先着地，脚尖后着地放平。同时，双手沿腰两侧稍快速移至胸前，双手手心向上，右手指尖朝偏左方，左手指尖朝偏右方并指向右手手腕，间距约 5 厘米。

心法：撂时心想腰胯向后下方坐定，同时双手向前上方稍快速微微穿出，好像有意气从指尖喷发而出。

图 64-1　提手上式

图 64-2　提手上式

图 64-2 动作内容：

重心向前移至右腿，同时双手向前上方挤出至尽头，双臂微屈。

心法：心想腰胯向前下方扎进地面同时挤压双掌向前上方穿出，好像把天（屋顶）穿破。

图 65-1　神龟探首

六十五、神龟探首

图 65-1 动作内容：

双手向右上方划小半圆并同时翻转至手心向外，指尖向上。

心法：心想腰胯原地旋转，带动双手划半圆时好像把一块厚重的钢板掀翻。

图 65-2 动作内容：

双手不停，随即下抹随即上搓至原处。

心法：心想腰胯向前下方挤压驱动双手下抹和上挫。

图 65-2　神龟探首

六十六、泰山压顶（一）

图 66 动作内容：

双手向下按至与腰胯平高处。

心法：身体向前倚住，腰胯向前下方沉，带动双手下按。心想双手好像把一座小山按压到地面之下。

图 66　泰山压顶（一）

图 67　孔雀摆尾

六十七、孔雀摆尾

图 67 动作内容：

左脚外撇。

心法：左脚外撇的同时，双手好像把身前的一堵墙穿破。

图 68　左后捋

六十八、左后捋

图 68 动作内容：

重心快速移至左腿，同时，腰胯带动右脚快速收至左脚内侧，脚尖点地，脚跟虚悬。同时，腰胯带动双手快速向后捋至腹部下方，右手手指向下，手心向后，左手指尖轻搭在右肘肘窝下方，重心坐实在左腿。

心法：心想腰胯贴地带动双手把一个大橡胶球快速地扒拉到身后。

图 69-1 双挤

六十九、双挤

图 69-1 动作内容：

右脚提起向右侧前方迈出一小步，脚跟着地，脚尖翘起。

心法：心想右脚是被腰胯往后下方沉坠时挤压而出的。

图 69-2 动作内容：

右肘缓缓向上屈折，右手手心轻轻贴在左臂下方，同时右脚脚尖缓缓地着地放平，重心在左腿，且不能移动，双臂微贴于身。

心法：右臂曲肘时好像把一根钢筋折弯。

图 69-2 双挤

图 69-3　双挤

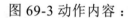

图 69-3 动作内容：

重心逐渐向前移至右腿落实，同时腰胯带动双臂向前移动，右肘尖略微挤出身体外一点儿即可。

心法：心想腰胯贴地挫磨而前移并且好像驱动右肘把一座小山挤住并移动。

图 69-4　双挤

图 69-4 动作内容：

重心向后移至左腿落实，同时腰胯带动双臂向后移动，左肘尖略微挤出身体外一点儿即可。重心过中时，右脚内扣，脚尖向前。

心法：心想腰胯拽拉着左肘，左肘又拽拉着一座小山向左移动。

图 69-5　双挤

图 69-5 动作内容：

重心再次向前移至右腿落实。同时腰胯带双臂向前移动，右肘略微挤出身体外一点儿即可。

心法：同图 69-3 心法。

七十、白鹤亮翅

图 70 动作内容：

左脚稍快速地沿地面向前迈出一小步，脚尖点地，成左虚步。同时右手稍快速地向外向上撩提至头顶侧上方，手心向前，指尖向上，同时，左手稍快速地下采，落至左胯侧后方，手心向后，指尖向下。

心法：心想右手把一个铁球挑向天空，左手把一个铁球拍到地下。

图 70　白鹤亮翅

图 71-1　扑面推山

七十一、扑面推山

图 71-1 动作内容：

右手稍快速下落至右肩前方，坐腕立掌，掌心约与肩平，手心向前，指尖朝上。同时左脚踮步，调整方位。腰胯坐实在右腿。

心法：腰胯向后下方撮时心想带动右手向下折弯一根钢筋，左手扎到地下。

图 71-2　扑面推山

图 71-2 动作内容：

重心逐渐移至左腿，腰胯同时带动双手向前推出至尽头，右手指尖向前，左手指尖向前下方。

心法：心想腰胯贴地磨挫前行并驱动双手好像是在推着一座小山前移。

七十二、玉臂摘月

图 72 动作内容：

两臂慢慢向前向上举至头顶上方，同时右脚慢慢提起跟进半步，落至左脚脚跟右后侧，脚尖朝向右前方。双手指尖向上，左手在上，右手在下，且右手指尖在左手大拇指侧下方。

心法：双臂向上托举时，心想是被腰胯慢慢上提挤压上去的。

图 72　玉臂摘月

七十三、泰山压顶（二）

图 73-1 动作内容：

双臂下按至与腰胯平。

心法：心想腰胯向下沉，带动双臂好像把一座小山挤压到地面之下。

图 73-1　泰山压顶（二）

图73-2　泰山压顶（二）

图 73-2 动作内容：

右脚向右后方撤一步，脚掌先着地，脚跟再着地放平。

心法：右脚撤步时心想腰胯向前倚住一堵齐腰矮墙，双手又好像用力地把前面的另一堵墙穿破。

图74　右盘手（二）

七十四、右盘手（二）

图 74 动作内容：

重心逐渐向右移至右腿落实。左脚内扣，同时，腰胯带动双臂移至右侧尽头。

心法：心想腰胯贴地磨挫而行，双臂好像驱动两把利剑削平地面上的杂草，并且是连根拔起。

七十五、穿掌捋

图 75-1 动作内容：

重心逐渐向后移至左腿坐实。右脚外撇。腰胯带动双臂向外向后划弧，右手翻转，手心向上，落至右胯旁，同时左手翻转至手心向上并停在胸部前方，左臂微屈。

心法：双手按住一个大石磨盘向右旋转。

图 75-1　穿掌捋

图 75-2 动作内容：

重心慢慢移至右腿坐实。右掌向斜上方缓缓穿出，同时，左掌向后下方沿右臂下部慢慢捋至右肘。

心法：心想右手好像把天（屋顶）穿破，左手好像把墙面拔下一层墙皮。到下方时好像又把地面穿破。

图 75-2　穿掌捋

图 75-3　穿掌将

图 75-3 动作内容：

左脚收回至右脚内侧，左脚脚尖点地，脚跟虚悬。

心法：收脚时心想是被腰胯下沉吸附回来的。

图 75-4　穿掌将

图 75-4 动作内容：

右手继续向斜上方穿至尽头，指尖朝斜上方，同时，左掌下将至腹部下方，左脚同时向前迈出一步，脚跟着地，脚尖翘起。

心法：出脚时心想是被腰胯下沉挤压出去的。

图 76-1　左搂膝

七十六、左搂膝（一）

图 76-1 动作内容：

右手下落至右耳旁侧，手心向下，指尖向前，同时，左脚脚尖着地放平。

心法：心想是腰胯向后下方沉坠，并带动右手缓缓下落。右手下落时好像是把一根钢筋折弯。

图 76-2 动作内容：

腰胯以右胯尖为轴，向左旋转约 90°。带动左手向左向后划弧至左胯左侧，手背朝前，同时右手坐腕立掌，手心朝前，高与肩平。

心法：心想左手向左划弧时是在拉动一个大石头磨盘一起转动，右胯固定不动，心想左胯像一扇门，被左手向左旋转拉开。

图 76-2　左搂膝

图77　迎面掌（一）

七十七、迎面掌（一）

图 77 动作内容：

重心逐渐向前移至左腿落实。同时腰胯带动双手向前推出至尽头，右手手心向前，指尖向上；左手指尖朝向前下方，手背朝前，约至左膝处。

心法：心想腰胯向前攒挫而行双手好像推一座山向前移动。

图78-1　蹲身搂右（一）

七十八、蹲身搂右（一）

图 78-1 动作内容：

右掌向前落平，指尖向前，同时，右脚向前蹉步约一脚的距离。

心法：腰胯向前搋时，右手搋平；左手手指微动，必须同时完成。想象意气同时喷发出去。

图 78-2 动作内容：

重心向后移至右腿坐实，同时腰胯带右手向后搂至右胯旁，同时，左手向前推送而出至尽头。

心法：腰胯向后贴地磨挫拉回，带动右手好像往后拉回一个大铁球，同时左手手背把一个大铁球贴地面向前推出去。

图 78-2　蹲身搂右（一）

七十九、踮步手挥琵琶（一）

图 79-1 动作内容：

左脚提起向前踮步，约一脚的距离，脚跟先着地，脚尖后着地放平。同时左手弧形上提，手心向右，指尖朝斜上方，约与肩同高；同时右手亦弧形上提至左肘内右侧，距左肘约 25 厘米的距离。

心法：两臂相合时心想把一个大气球挤压变形，同时向前挫破而出。

图 79-1　踮步手挥琵琶（一）

图 79-2　踮步手挥琵琶（一）

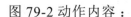

图 79-2 动作内容：

重心逐渐向前移至左腿，同时双手向前推送而出至尽头，左手手心向上，右手手心朝下，左手在下，右手在上。

心法：心想腰胯向前贴地磨挫而行，好像催动双手向前推动一个大铁球。向前撂时，腰胯前扔，双臂双手展平，好像有意气喷发而出。

图 80-1　右左盘手 2 次（二）

八十、右左盘手 2 次（二）

图 80-1 动作内容：

重心逐渐移至右腿，同时腰胯带动双臂向右移至尽头，双手翻转，手心相对，左手在上，右手在下，双手指尖向后。

心法：同图 33-1 心法。

图 80-2　右左盘手 2 次（二）

图 80-2 动作内容：

重心向左移至左腿，腰胯带双臂向左移至尽头，双手翻转。

心法：同图 33-2 心法。

图 80-3 同图 80-1 动作内容相同。

心法：同图 33-2 心法。

图 80-3　右左盘手 2 次（二）

图 80-4 动作内容：

重心向左移至左腿，腰胯带动双臂向左移至尽头，手形不变。

心法：同图 33-4 心法。

图 80-4　右左盘手 2 次（二）

八十一、手挥琵琶（一）

图 81-1 同图 22-1 动作内容。

心法：同图 22-1 心法。

图 81-1　手挥琵琶（一）

图 81-2　手挥琵琶（一）

图 81-2 同图 22-2 动作内容。

心法：同图 22-2 心法。

图 81-3 同图 22-3 动作内容。

心法：同图 22-3 心法。

图 81-3　手挥琵琶（一）

图 81-4　手挥琵琶

图 81-4 动作内容：

左手向上划弧，手心向右，指尖朝斜上方，约与肩同高，同时，右手向下划弧，落至左肘内右侧，距左肘约 25 厘米。

心法：心想左手向上右手向下旋转双手抱着的这个大铁球，腰胯向后下方撂时，心想把这个大铁球挤压出去。

图 81-5　手挥琵琶（一）

图 81-5 同图 79-2 动作内容。

心法：心想腰胯催动双手把这个大铁球慢慢向前方推出去。撂时心想双手用全身的意气把这个大铁球扔了出去。

八十二、左搂膝（二）

图 82-1 动作内容：

重心逐渐向后移至右腿，左手向上向后划弧搂至右肩前方，左手手心朝下，与肩相距约 30 厘米，约与肩同高；同时右手向下向后划弧至右腿右前方，与右腿相距约 30 厘米，右手手心翻转向上，指尖朝前下方。

心法：心想腰胯贴地磨挫后移，带动双手后搂左右手好像分别向后搂回一个大铁球。

图 82-1　左搂膝（二）

图 82-2 动作内容：

右手向上挑起至与肩平高，左手下划至右肘内侧，同时，左脚收至右脚内侧，脚尖点地，脚跟虚悬。

心法：左脚收回时心想左脚是被腰胯向后下方压坠时吸回来的。

图 82-2　左搂膝（二）

图 82-3　左搂膝（二）

图 82-3 动作内容：

右手继续上挑至尽头，手尖向上，同时，左手下采至右腿内侧，手尖向下，手心向左。同时左脚向前迈出一步，脚跟着地，脚尖翘起。

心法：心想右手把一个大铁球慢慢托上天空，左手好像把一个大铁球按到地面之下。

图 82-4　左搂膝（二）

图 82-4 同图 76-1 动作内容。
心法：同图 76-1 心法。

图 82-5 同图 76-2 动作内容。

心法：图 76-2 心法。

图 82-5　左搂膝（二）

八十三、迎面掌（二）

图 83 动作内容：

重心逐渐向前移至左腿。同时
腰胯带动双手向前推出至尽头，右
手指尖朝前，手心向下，左手指尖朝
前下方，手心朝后下方，左手过膝即
可。

心法：心想腰胯驱动双手，双
手好像推一座大山向前移动。

图 83　迎面掌（二）

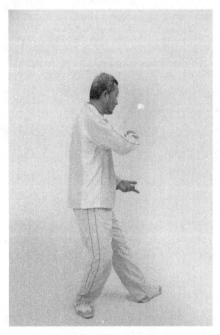

图 84　抱球拉胯（一）

八十四、抱球拉胯（一）

图 84 动作内容：

重心向后移至右腿，腰胯带动双手（呈抱球状）拉回至胸前，与胸部相距约一小臂的距离。左手在下，右手在上，同时，左脚外撇。

心法：心想腰胯紧紧贴在地面上，慢慢向后挫磨而行，腰胯拽拉双手，双手好像拉着一座小山一起移动。

图 85　抱球左推山

八十五、抱球左推山

图 85 动作内容：

重心向前移至左腿，坐实，手形不变。

心法：心想腰胯贴地面向前驱动着双手磨挫而行，双手抱着一个大铁球推动着一座小山贴地前移。

八十六、右搂膝

图 86-1 动作内容：

右脚向前上一步，脚跟着地，脚尖翘起。同时左手向上划弧挑至头顶上方至尽头，指尖向上，同时右手下采至左腿内侧，指尖向下，手心向右。

心法：心想左手好像把一个大铁球拖上天空，同时右手把一个大橡胶球按在水里。

图 86-1　右搂膝

图 86-2 动作内容：

左手下落至左耳旁侧，手心向下，指尖朝前，同时右脚脚尖着地放平。

心法：心想左手下落时把一根钢筋折弯，同时右手深深地扎到地底下面。

图 86-2　右搂膝

图 86-3　右搂膝

图 86-3 动作内容：

腰胯以左胯尖为轴，向右旋转，带动右手向右向后划弧搂至右胯旁，手心向后，指尖向下，同时左手坐腕立掌，高与肩平。

心法：左胯尖不动，心想左胯尖像一扇门的轴，右胯像一扇千斤大铁门被右手缓缓拉开。

图 87　迎面掌（左）

八十七、迎面掌（左）

图 87 动作内容：

重心逐渐向前移至右腿坐实。同时腰胯带动双手向前推出至尽头，左手手心向下，指尖向前，右手指尖朝前下方，右手过右膝即可。

心法：同图 77 心法。

八十八、抱球拉胯（二）

图 88 动作内容：

重心向后移至左腿，腰胯带动双手（呈抱球状）拉回至胸前，与胸部相距约一小臂的距离。左手在上，右手在下，同时右脚外撇。

心法：心想腰胯贴地，双手抱一个大铁球，也贴紧地面缓缓拉回。

图88 抱球拉胯（二）

八十九、抱球右推山

图 89 动作内容：

重心向前移至右腿坐实，手形不变。

心法：心想双手抱一个大铁球，并把一座小山缓缓向前方推移。

图89 抱球右推山

图 90-1　左搂膝（三）

九十、左搂膝（三）

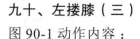

图 90-1 动作内容：

左脚向前上一步，脚跟着地，脚尖翘起，同时右手向上划弧挑至头顶上方至尽头，指尖向上，同时左手下采至右腿内侧，指尖向下，手心向左。

心法：心想左脚是腰胯旋拧时带动左脚向前上步的。

图 90-2　左搂膝（三）

图 90-2 同图 76-1 动作内容相同。

心法：同图 76-1 心法。

图 90-3　左搂膝（三）

图 90-3 同图 76-2 动作内容。

心法：同图 76-2 心法。

九十一、迎面掌

图 91 同图 77 动作内容。

心法：同图 77 心法。

图 91　迎面掌（三）

图 92-1　蹲身搂右（二）

九十二、蹲身搂右（二）

图 92-1 同图 78-1 动作内容。

心法：同图 78-1 心法。

图 92-2　蹲身搂右（二）

图 92-2 同图 78-2 动作内容。

心法：同图 78-2 心法。

图 93-1　踮步手挥琵琶（二）

九十三、踮步手挥琵琶（二）

图 93-1 同图 79-1 动作内容。

心法：同图 79-1 心法。

图 93-2 同图 79-2 动作内容。

心法：同图 79-2 心法。

图 93-2　踮步手挥琵琶（二）

图 94-1 右左盘手 2 次（三）

九十四、右左盘手 2 次（三）

图 94-1 同图 80-1 动作内容。

心法：同图 33-1 心法。

图 94-2 右左盘手 2 次（三）

图 94-2 同图 80-2 动作内容。

心法：同图 33-2 心法。

图 94-3 同图 80-1 动作内容。

心法：同图 33-3 心法。

图 94-3　右左盘手 2 次（三）

图 94-4 同图 80-4 动作内容。

心法：同图 33-4 心法。

图 94-4　右左盘手 2 次（三）

图 95-1 手挥琵琶（二）

九十五、手挥琵琶（二）

图 95-1 同图 22-1 动作内容。

心法：同图 22-1 心法。

图 95-2 手挥琵琶（二）

图 95-2 同图 22-2 动作内容。

心法：同图 22-2 心法。

图 95-3 同图 22-3 动作内容。

心法：同图 22-3 心法。

图 95-3　手挥琵琶（二）

图 95-4 同图 81-4 动作内容。

心法：同图 81-4 心法。

图 95-4　手挥琵琶（二）

图 95-5 同图 79-2 动作内容。

心法：同图 81-5 心法。

图 95-5　手挥琵琶（二）

九十六、左搂膝（四）

图 96-1 同图 82-1 动作内容。

心法：同图 82-1 心法。

图 96-1　左搂膝（四）

图 96-2 同图 82-2 动作内容。

心法：同图 82-2 心法。

图 96-2　左搂膝（四）

图 96-3 同图 82-3 动作内容。

心法：同图 82-3 心法。

图 96-3　左搂膝（四）

图 96-4　左搂膝（四）

图 96-4 同图 76-1 动作内容。

心法：同图 76-1 心法。

图 96-5　左搂膝（四）

图 96-5 同图 76-2 动作内容。

心法：同图 76-2 心法。

图 97 迎面掌（四）

九十七、迎面掌（四）

图 97 同图 83 动作内容。

心法：同图 83 心法。

九十八、抓扭

图 98 动作内容：

重心向后移至右腿，腰胯带动双手（呈抱球状）向后拉至左脚脚面上方，双手五指抓拢成勾手，向上提起，同时左脚外撇，脚尖翘起。

心法：心想右脚是被双手提起并向左外撇的。

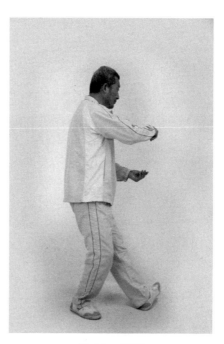

图 98 抓扭

图 99-1 反身劈身捶

九十九、反身劈身捶

图 99-1 动作内容：

重心向前移至左腿落实，左脚尖着地放平，同时腰胯带动双手钩手向前推，落至左胯前下方。

心法：心想腰胯贴地磨挫而前行。

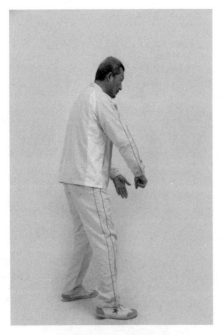

图 99-2 动作内容：

右脚提起向前上一步，脚尖点地，脚跟虚悬，身朝向左，右脚尖亦复朝左。同时，右手变空心拳，左手变掌。

心法：上步同时心想双手按在地面上。

图 99-2 反身劈身捶

图 99-3 动作内容：

双臂伸直，由下向左、向上划弧过头顶，同时身体翻转，面朝正前方，同时，右脚以脚尖为轴，右撵朝前。

心法：心想双手抱一个大铁球从左至右向上提起并从头顶上方慢慢划弧而过，随后轻轻放在地上。

图 99-3　反身劈身捶

图 99-4 动作内容：

双臂不停，继续向下划弧，右拳落至右腹前方，（或右脚上方），右臂微屈。同时左掌落至右肘左侧，手心向下，指尖朝右前方。

心法：腰胯向后下方撅时，双手向前涨出，心想意气喷发而出。

图 99-4　反身劈身捶

图 100　高探马

一百、高探马

图 100 动作内容：

右拳向后拉回收至右腹前，同时，左掌向前沿右臂上方推捌而出至尽头，高与胸平，指尖朝右前方。

心法：心想左手把一个粗树枝的树皮向外慢慢捌开。

一百零一、调步侧身捶

图 101-1 动作内容：

右脚调步，调整位置，右拳向前推送探出至尽头，右臂微屈，同时，左掌向后拉回，收至右肘左侧变空心拳，距右肘约 20 厘米。左拳在下，右拳在上，拳心相对。

心法：心想左手拽回一个大铁球，右手推出一个大铁球。

图 101-1　调步侧身捶

图 101-2 动作内容：

重心向前移至右腿，腰胯带动双拳向前推送而出至尽头，拳心向下，左拳在后，右拳在前。

心法：心想双拳推着一座大山缓慢向前移动。

图 101-2　调步侧身捶

一百零二、护裆捶

图 102 动作内容：

重心向后移至左腿坐实，腰胯带动双拳向后划弧拉回至左胯左侧下方。

心法：心想双拳向后在地上划出两条深水渠来。

图 102　护裆捶

图 103-1　弯弓射虎

一百零三、弯弓射虎

图 103-1 动作内容：

双拳由下而上划弧，左拳落至左耳侧约 20 厘米处，右拳落至左胸前约 20 厘米处，两拳拳心大略相对，拳眼朝向头部。

心法：撂时心想双拳是被腰胯后坐而挤压上去的。

图 103-2 动作内容：

重心向前移至右腿，腰胯带动右拳向前推送而出至尽头，拳心向下，同时左拳向后划弧拉回至左胯侧后方，拳心向后。

心法：心想右左双拳分别向前、向后把一根钢筋拉断。

图 103-2　弯弓射虎

图 104-1　搬拦捶

一百零四、搬拦捶

图 104-1 动作内容：

重心向后移至左腿，腰胯带右拳向后拉回至右膝上方。

心法：心想右拳向后拉耕出一条水渠出来。

图 104-2 动作内容：

右拳提起右膝，右拳、右脚同时由下而上划弧，右脚向外蹬出，同时右拳向外砸出。

心法：腰胯松沉，不能起身，心想是右拳提起的右膝，右拳搬着右腿向右划旋转，右拳带动右脚向外蹬出。

图 104-2　搬拦捶

图 104-3 搬拦捶

图 104-3 动作内容：

右腿落下，右脚跟着地，脚尖翘起，朝向右上方；右拳顺势下砸，拳心向上，约与胯高。

心法：心想右脚是被右拳砸在地面上，而且拳脚同步。

图 104-4 搬拦捶

图 104-4 动作内容：

左拳拳心向后、向前划弧抢抬而出至尽头，约与腹部同高，左臂微屈。同时右拳向后拉回至右胯旁。重心不变，亦在左腿。

心法：心想左拳拳背把一个大铁球慢慢抢出，右拳把一个大铁球拽回。

图 104-5 动作内容：

重心再次向前移至右腿落实，右拳向前推送而出至尽头，拳心向上，同时，左拳向后拉回至左胯左后方，拳心向后。

心法：心想腰胯催动右拳，右拳好像推动一座大山前移，左拳好像拉动另一座大山向后移动。

图 104-5　搬拦捶

一百零五、上步左搂膝

图 105-1 动作内容：

双拳变掌，腰胯带动双臂向右划圆旋转，同时带动左脚提起随左掌一并向左、向前、向右划弧上步。左脚落至正前方一步的距离之处，右手落至腰胯后，贴身而放，手心向外，左手落至右腿内侧，手心向左，指尖朝下。此时，重心在后，并坐实在右腿。

心法：心想腰胯拧转带动左臂向前划弧，继而左臂带动左脚向前划弧。

图 105-1　上步左搂膝

图 105-2 动作内容：

以右胯尖为轴，腰胯向左旋转，带动左手向左划弧，落至胯后，贴身而放，手心向后。

心法：右胯尖保持在原点不动，心想左手是在搂胯旋拧，左胯像一扇门向左被拉开。

图 105-2　上步左搂膝

一百零六、穿如封似闭

图 106-1 动作内容：

双手沿腰两侧，贴身稍快速移至腹前，双掌平齐，手心向上，指尖向前。

心法：腰胯向后下方撇时，心想腰胯向后下方扔出去，同时双掌向前涨出去一点，好像有意气喷发出去。

图 106-1　穿如封似闭

图 106-2 动作内容：

重心向前移至左腿，同时腰胯带动双掌向前穿出至尽头。

心法：心想腰胯贴地挫磨前移，并挤压出双掌向前贴地穿出。

图 106-2　穿如封似闭

图 106-3 动作内容：

重心逐渐向后移至右腿坐实。同时腰胯带动双手慢慢向后收至面部侧前方，手心向内，指尖向上。

心法：心想腰胯紧贴地面向后摩擦移动，双掌好像是被腰胯带动拉拽一座大山向后慢慢移动。

图 106-3　穿如封似闭

图 107　贴身将（三）

一百零七、贴身将（三）

图 107 同图 30 动作内容。

心法：同图 30 心法。

图 108　压胯提手（四）

一百零八、压胯提手（四）

图 108 同图 31 动作内容。

心法：同图 31 心法。

图 109-1　托球转宇宙

一百零九、托球转宇宙

图 109-1 动作内容：

重心逐渐向前移至左腿落实，腰胯带动双掌向前推出过膝，然后向右前上方推托而送至上方尽头，手心向上。

心法：心想双手托住一个大铁球推托送至天边，腰胯以下向下沉坠，腰胯以上向上撑胀，形成对拉之势。

图 109-2 动作内容：

以左胯尖为轴，腰胯向右旋转，同时带动双手一同向右旋转，右脚外撇。

心法：左胯尖向左用力倚住不动，右胯像一扇门一样向右旋转。心想双手在转动宇宙星空。

图 109-2　托球转宇宙

图 109-3　托球转宇宙

图 109-3 动作内容：

重心逐渐向右移至右腿落实，同时腰胯带动双手（呈托天状）亦向右移至尽头，左脚内扣。

心法：向右移动时，心想腰胯贴地面而行并且是摩擦着地面行进。

图 109-4　托球转宇宙

图 109-4 动作内容：

重心向左移至身体正中，腰胯带动双手向下向左划弧拉回至双腿前，约与胯同高，手心向下。

心法：心想胯向下划弧并带动双手向下划弧捋回，并不是双手直接拉回。

图 109-5 动作内容：

腰胯后坐下沉，双手分别朝身体两侧向外平抹而出，右脚以前脚掌为轴，脚跟向外撑正，脚尖向前。腰胯坐实。

心法：右脚掌用力撑地，右脚跟向右转正时，心想双手按在地上分别向两侧撑抹而出。

图 109-5　托球转宇宙

一百一十、蹲身抱球

图 110 动作内容：

重心慢慢下沉，腰胯带动双手下按至双膝处，双手向下划弧交叉合抱于腹前，手心向上，左手在上，右手在下，成十字手。同时，右脚快速向左收回一脚的距离落实，脚尖向前。

心法：心想腰胯向后下方撅下，同时反弹力把双手向上挤压至腹部前，全身稍停静止不动 1/3 秒。

图 110　蹲身抱球

图 111-1　十字手

一百一十一、十字手

图 111-1 动作内容：

重心慢慢上提，双腿缓缓伸直，同时腰胯带动双手向上慢慢托举至头部上方尽头，双手在手腕处交叉成十字手，手心向后，左手在内，右手在外，目视前方。

心法：心想腰胯坠拉着大铁球慢慢提起，把双手挤压向上举起，同时双手臂也各自拖着大铁球慢慢上举。

图 111-2　十字手

图 111-2 动作内容：

腰胯缓缓下沉，带动双手向下经面部至下颏，此时腰胯慢慢上提，双腿缓缓伸直，双手继续而下，经胸部、腹部下捋，落至身体两侧，两手手心分别朝内轻轻贴在大腿外侧，指尖向下。身体自然直立，目视前方。

心法：心想腰胯带动全身，身体带动双手慢慢向下捋。

收式

（一）**收式**：收式动作内容同太极起式图 2-4 至 2-11 动作内容。

（二）**醍醐灌顶**

图 112-1 动作内容：

双臂分别从身体两侧慢慢向上划弧，手心慢慢翻转向上，双臂不停，继续向上划弧至头顶上方合拢，指尖稍斜相对，双臂微屈。

心法：心想双手分别托起两个滚烫的铁球到头顶上方合成一个大铁球。

图 112-1　醍醐灌顶

图 112-2 动作内容：

腰胯下沉，带动双手向下而捋，至头部时双手重叠在面前，左手在内，右手在外（女士相反，右手在内，左手在外），手心向内。双手不停继续下捋至下额。

心法：心想腰胯下沉带动双手下捋。

图 112-2　醍醐灌顶

图 112-3　醍醐灌顶

图 112-3 动作内容：

腰胯上提，双腿慢慢伸直，双手不停，继续下捋至丹田处，成十字交叉状，两手手心向内轻贴在丹田处。

心法：心想双手下捋把腰胯缓缓挤压上来。

图 113　调息放松养丹田（吸呼 3 次）

（三）调息放松养丹田（吸呼 3 次）

图 113 动作内容：

身体自然直立，双目微闭，鼻深深吸气，再用口缓缓呼出。

心法：心想双脚双手好像有意气向地下缓缓喷出，头顶也好像有意气缓缓向上喷发。

（四）回头望月（右左各 3 次）

图 114-1 动作内容：

身体向右旋转，腰胯带动身体由下而上，依次右转，至头部转向右后上方尽头时，睁眼向右侧斜上方看，盯住一点，然后再次微闭双目。

心法：双脚脚掌用力撑地，使身体从脚部至头部节节贯穿，由下而上，向左或向右旋拧，在头部将要转拧至斜后方尽头时，心想全身的"意气"摺在斜后上方一点处。

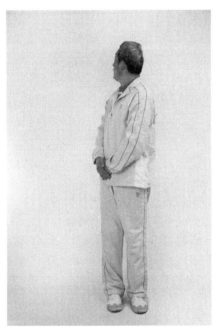

图 114-1 回头望月（右左各 3 次）

图 114-2 动作内容：

身体由上而下慢慢转正。

心法：心想双脚撑拧地面带动腰胯，腰胯拧转带动头部转正。

图 114-2 回头望月（右左各 3 次）

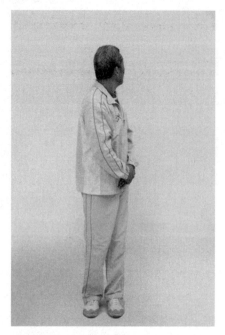

图 114-3　回头望月（右左各 3 次）

图 114-3 动作内容：

身体由下而上向左旋转，至头部转至左后上方尽头，睁眼向左侧斜上方看，盯住一点，再次微闭双目。

心法：同图 114-1 心法。

图 114-4　回头望月（右左各 3 次）

图 114-4 动作内容：

身体慢慢向右转正。身体自然直立，双手慢慢收至身体两侧，两手手心朝内，并轻贴在身体两侧。

心法：同图 114-2 心法。

（五）童子小拜佛（3次）

图 115-1 动作内容：

腰胯慢慢向后下方下沉，同时两臂缓缓向前向上抬起举至头顶上方尽头，两手合拢，指尖稍斜相对。

心法：心想双手双臂是腰胯下沉时，被反弹慢慢挤压向上抬举至头顶的位置。

图 115-1 童子小拜佛（3次）

图 115-2 动作内容：

双手自上而下稍快速向下划弧，砸向双脚，双脚脚跟弹起离地，脚尖不离地。然后脚跟自然下落着地放平站稳。

心法：心想双手带动全身"意气"向下砸向脚下，使身体自然被反弹起来。

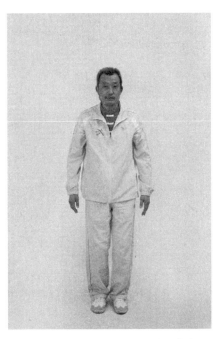

图 115-2 童子小拜佛（3次）

图 116-1　童子大拜佛（3次）

（六）童子大拜佛（3次）

图 116-1 同图 115-1 动作内容。

心法：同图 115-1 心法。

图 116-2　童子大拜佛（3次）

图 116-2 动作内容：

双手由上而下，快速向下划弧砸向双脚，双脚瞬时离地弹起悬空，然后自然下落站稳。

心法：同图 115-2 心法。

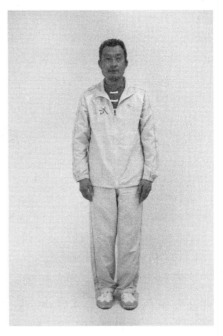

（七）踮脚放松（36次）

图 117 动作内容：

双脚脚跟离地弹起，脚尖不离地，随即脚跟自然下落着地。站稳。身体直立，目视前方，静气凝神，收敛内气，自然放松。

心法：要用身体的自重，自然下落震动全身关节窍穴即可。心想"意气"随身体下落时砸向脚下。

图 117　踮脚放松（36 次）

后　记

　　春昇太极拳拳架分为初级、中级、高级三路拳，每一路拳分左行架和右行架共六套拳及太极推手、太极步、器械（刀、剑、枪等）。

　　初级，练精化气，入门养生功法，抻筋拔骨，打开关节。适合各个年龄段人群，易于普适学习。

　　中级，练气化神，教练习练功法，疏通经络，百脉皆通，练功上身，做到拳不离手意不离拳，适合教师教练学习。

　　高级，练神还虚，宗师研修功法，窍穴贯通，气遍周身，练悟结合，神韵意气为一体，一气之演绎，适合追求卓越的太极修习者。

　　本书仅展现了春昇太极拳（初级）架（111式）动作内容说明，望广大读者尽心练习。学拳因人而异，要因人、因时、因势的不同而进行教学。初学者应注重掌握拳架的准确性和熟练度，继而慢慢提升水平。

　　由于篇幅有限本书只对初级功法进行图示演示和讲解，后续中高级功法有待整理完善。望广大读者谅解。

拳架摄影：刘彩娟

原创插图：侯泓良

顾　问：郝春生